"家教门风" 系列丛书

读懂我的  岁孩子

10—12岁

尚立富◎丛书主编

王美璇◎本书主编

陈珏君　孟　薇　陈　萱　彭　曦◎本书副主编

现代教育出版社

Modern Education Press

图书在版编目 (CIP) 数据

读懂我的N岁孩子. 10-12岁 / 王美璇主编. —北京:现代教育出版社,
2023.12

（"家教门风"系列丛书 / 尚立富主编）

ISBN 978-7-5106-9362-5

Ⅰ.①读… Ⅱ.①王… Ⅲ.①小学生－家庭教育Ⅳ.①G782

中国国家版本馆CIP数据核字(2023)第231060号

读懂我的N岁孩子（10—12岁）

"家教门风"系列丛书

出 品 人	陈 琦
丛书主编	尚立富
本书主编	王美璇
选题策划	李 硕
责任编辑	刘 婕
封面设计	赵歆宇
出版发行	现代教育出版社
地 址	北京市东城区鼓楼外大街荣宝大厦3层
邮 编	100120
电 话	010-64252230（编辑部）　　010-64256130（发行部）
印 刷	北京建宏印刷有限公司
开 本	710 mm×1000 mm 1/16
印 张	11
字 数	160千字
版 次	2023年12月第1版
印 次	2023年12月第1次印刷
书 号	ISBN 978-7-5106-9362-5
定 价	45.00元

目录 Contents

目录

Contents

目录 Contents

目录

PART1

不断变化的小大人

第1章
孩子的身心·变化

孩子进入小学高年级阶段，身心发展急剧变化，他们的思维也由直观的经验思维向抽象的逻辑思维发展。

1. 这是"多动症"吗

孩子升入高年级，这样的场景大概会经常出现：原本吃饭挑挑拣拣的孩子，食量开始大增，吃饭常常像风卷残云，但没过多久就开始喊饿，不定时要吃些零食；吃饭时，孩子经常兴高采烈地讲着学校里发生的各种趣事；孩子和朋友一起去操场踢球，连续踢两个小时都不觉得累……

这就是这个阶段的孩子，好像全身上下都充满着无穷的能量，一刻都停不下来。如果父母期望他们能够安静地坐下来，与自己聊聊天、谈谈心，那父母大多时候要失望了，因为他们多半会在座位上扭来扭去，一会儿靠着，一会儿趴着，两只手也在不停地动，摆出各种姿势，甚至还会站起来在你面前走来走去。同时，他们的面部表情也会变得更加丰富，例如眼睛眨来眨去，眉毛跳来跳去，听父母说话时嘴唇还会动来动去。孩子的这些"小动作"让家长们忧心不已，总担心自己的孩子患上"多动症"。

一天晚上，亮亮妈妈接到班主任老师的电话："亮亮最近在学校听课状态不是很好，有多位老师跟我反映他在上课时小动作特别多，听课的时候手里总是会摆弄个小东西，比如铅笔、橡皮、尺子等。这些东西被老师没收了，他又开始玩前面女同学的头发。这样不但他自己听课效果不好，也影响班里其他同学。请您一定要重视，多跟孩子聊聊这个问题。"听完班主任的这番讲述，再结合自家"大魔王"每天在家的各种表现，亮亮妈妈有些担忧：亮亮是不是有多动症？

很多家长曾经有过类似的疑虑，而且孩子的某些类似多动症的行为表现也加深了家长的疑虑，因此家长对孩子的某些小动作，比如控制不住地眨眼睛、皱鼻子等会格外关注。而他们提醒孩子时，又发现其实孩子根本没有意识到自己有这样的行为，因此他们更加焦虑和担忧。如果发现孩子有类似的问题时，父母需注意以下三点。

第一，要理智判断情况

面对孩子的这些爱动、爱玩的表现，父母不必马上陷入焦虑情绪中，而是要明白，通常情况下，这是这个阶段的孩子的正常生理特点，是他们释放体内能量的一种方式。如果有必要，父母可以尝试引导孩子用恰当的方式解决这些问题。

很多时候孩子上蹿下跳、不听话，并不是他们在故意捣乱、挑战父母，而是因为他们的身体机能产生了巨大变化，他们需要通过这些看似多动的行为来消耗自身多余的能量。明确了这一点，父母至少可以在遇到类似情况的时候做到冷静、淡定，少一些负面情绪。

第二，换个角度看问题

与其认为"孩子成天围着自己打转，让人心情烦躁"，不如换个角度看问题，把它看作"孩子愿意陪伴在父母身边，愿意和爸爸妈妈打打闹闹"。况且随着孩子逐渐长大，他们在父母身边的时光会一点一点地减少。

第三，帮孩子寻找合理的释放途径

其实，做很多小动作可能只是这个阶段的孩子表达和宣泄自己情绪的方式。例如比以前更加频繁地眨眼睛、动嘴唇等，这可能只是他们紧张情绪的宣泄方式，和孩子本身的行为习惯、身体健康状况并没有直接联系。

既然孩子在这个阶段身体有巨大的能量需要释放，那么父母可以为他们创造更多释放能量的有利条件。例如：为孩子准备一个沙袋，让孩子对着沙袋发泄情绪；平时鼓励孩子做适量的运动，如跑步、打球、跳绳；周末还可以带孩子去爬山、野炊等。这些活动能够让他们体内的能量得到很好释放，同时又能促进他们的身体发育，增强抵抗力。

不能因为孩子频繁做出某个行为，就认为孩子得了多动症。父母可以参考以下诊断标准和量表中的内容对孩子的行为进行评估。当然，如果有条件，还是建议父母带孩子到医院做专业的检查。

Tips 小贴士

多动症的诊断

多动症的表现为注意力不集中，异常好动，自我控制能力差。判断孩子是否有多动症，可以从两个方面进行：一是孩子是否存在注意缺陷的症状；二是孩子是否有多动或冲动的症状。

国内外有许多诊断儿童多动症的量表，其中历史最久且最常用的是康奈尔儿童行为量表。

据统计，我国儿童多动症的平均发病率为 3%—5%，也就是说每 100 个孩子中有 3—5 个多动症患儿，并且男孩患多动症的人数要多于女孩。

多动症是可以通过训练加以改善的。

康奈尔儿童行为量表（简版）

行为	没有(0分)	稍有（1分）	较多（2分）	很多（3分）
活动过多，一刻不停				
兴奋激动，容易冲动				
惹恼其他儿童				
做事不能有始有终				
坐立不安				
注意力不集中，容易分心				
必须立即满足要求，容易灰心丧气				
经常易哭				
情绪变化迅速剧烈				
勃然大怒，或出现意料不到的行为				

注：总分超过 10 分，说明孩子有多动症倾向，建议做进一步检查。

　　每个高年级孩子都是一个能量多得要溢出来的"小魔头"，但是，在家里还是会有这样的神奇场景出现：当你打开家门时，坐在电视机前的孩子眼神专注，注意力集中，甚至连你开门的声音都没有听到；当他获准可以去玩一小时电脑时，那个似乎永远都不停歇的孩子居然也可以端端正正地坐一个小时。这也从另一个侧面证明，他们并不是真的静不下来，而是需要一些辅助条件。因此，父母可以尝试这样做：

第一，寻找孩子的兴趣点

要针对高年级孩子的身体发育特点，培养孩子的自控能力。要让他们在一定程度上安静下来，就需要借助合适的方法，从他们的兴趣入手。所以，父母首先需要知道孩子的兴趣到底是什么。

这个阶段的孩子仍然保持着对电视节目、动画电影等的热爱，只不过男孩和女孩在偏好上有所不同：女孩可能偏爱电视剧或者综艺节目，而男孩则比较喜欢科幻片、体育运动类节目。

另一个可以让孩子安静下来的活动就是读书。但对读书的兴趣，在高年级孩子身上会有比较大的差异。如果是从小就喜欢读书的孩子，那么在高年级这个阶段，他们的读书兴趣会更加浓厚。

第二，巧妙借助兴趣培养自控力

父母可以利用孩子喜欢的某件事，和他们一起制订相应的规则，并监督孩子执行；也可以把做某种兴趣活动作为完成规定任务的奖励，这样既能够解决孩子的"多动"问题，又能帮助孩子增强对自身的掌控感和控制力。

2. 为什么总是记不住

"儿子，今天的课文背完了吗？"

"嗯……差不多了。"

"老师说需要家长检查后签字，那你给我背一下吧。"

"……圆明园中，有金碧辉煌的殿堂，也有什么的亭台楼阁。"

"玲珑剔透。"

"哦，也有玲珑剔透的亭台楼阁；有……我再看一眼书。"

…………

类似这样的对话在孩子进入高年级之后经常出现。每天晚上看着孩子痛苦地挣扎在背诵任务里，父母的焦急程度一点都不亚于孩子。造成背诵困难的主要原因可能是孩子的记忆方法出现了问题。

记忆规律的变化

孩子的记忆发展过程是一个从无意记忆、机械记忆，逐渐转化为有意记忆、理解记忆的过程。这个重要的记忆转化一般出现在 10 岁左右，高年级孩子已经处于有意记忆占主导的阶段。

高年级孩子学业任务加重，需要记忆的知识数量和难度也在大幅度增加。这时，孩子已经能够利用对记忆内容作组块划分的方法进行单元记忆，且能够自主运用组织记忆的方法提高记忆的效率。

高年级孩子的记忆能力已经接近成人的水平。当然，孩子对于某一项具体任务的精细加工记忆方法的掌握程度，以及针对这种高级记忆方法在不同任务中的迁移应用能力不是很高，仍然需要成人有意识地加以指导和训练。

每个孩子的记忆水平不同，因此家长在对其进行记忆能力培养和训练时，要根据孩子的实际情况选择合适的方式。

第一，了解孩子的记忆水平

根据孩子当前的记忆水平，制订有针对性和可操作性的训练计划，确定合适的目标。不要一味地追求高标准，也不要因为班级里优秀同学的表现给孩子过大的压力，否则会适得其反。

第二，挖掘最适合孩子的记忆方式

根据孩子的学习类型选择合适的记忆训练方法，能够达到事半功倍的效果。记忆方法有很多种，家长需要根据情况从中筛选适合他/她的方法。

通过创建图形、画面等具体表象来帮助孩子进行记忆，是比较适合高年级孩子的记忆方法。有研究表明，通过表象建立信息连接，有利于记忆的提取，更容易达到记忆的目的。比如背诵古诗《牧童》时，可以描述一些古诗所表现的场景，例如绿草如茵的原野上，一个牧童吹着竹笛站在远处等场景，帮助孩子记住"草铺横野六七里，笛弄晚风三四声"的诗句。当孩子掌握了一定的记忆方法后，要引导他们学会自己总结归纳这些方法，并找到适合自己的方式，反复运用，熟练掌握。

第三，进行适当的记忆训练

有效的记忆训练确实可以帮助孩子提高记忆能力，促进其学习成绩的提升。但是对记忆方法的学习，尤其是记忆方法运用能力的培养并不是一朝一夕即可完成的，需要经过一个长期的反复练习的过程，才能将某种记忆方法真正转化为自动化的记忆能力。因此，在学习记忆方法的初期，记忆效果可能没有明显的改善，孩子的学习成绩也没有明显提高，家长要及时关注孩子的学习情况，不断调整学习方法。

 Tips 小贴士

提高记忆力的方法

第一步，了解孩子的记忆水平和擅长的记忆方式。

第二步，根据孩子当前记忆水平和优势记忆（视觉、听觉、触觉等），寻找一些有针对性的方法。

第三步，跟孩子一起探讨各种方法的实用性，最终留下一两种适合孩子的记忆方式，以后经常使用。

拓 展 阅 读

不同学习类型及其特点

学习类型	特征	行为模式
视觉型	上课认真听讲，能够积极回答问题；喜欢看板书、PPT、视频等，对看过的内容印象深刻	行动敏捷，手势多；重视环境整洁，东西摆放整齐；小动作较多
听觉型	喜欢有秩序；说话语速较慢但条理清晰；课堂上即使距离讲台较远，只要能听清楚教师的话，就可以很好地吸收知识	说话内容详细，容易重复；重视环境的安静，反感噪声；做事注重程序、步骤；喜欢说话，滔滔不绝
触觉型	通过亲身感受去理解、记忆事物；必须亲自动手才能学习、理解和接受事物	注重人与人之间的关系；注重感受、心境、情感；比较安静，小动作少

3. 怎么又走神了

"眼睛看哪里呢？你这数学卷子怎么还没有做完！"

"都已经一个小时了，怎么作文就写了一段话，脑子里又在想什么呢？"

"老师今天跟我说，你最近上课听讲注意力特别不集中，眼光根本就不追着老师走，这是怎么回事？"

"晚上应该早点睡觉，每天晚上写作业都要写到这么晚，睡眠时间当然保证不了。写作业的时候要集中精力，老是东张西望当然写不完。"

每次父母走进孩子的房间，看到孩子正在做着与功课无关的事情，或者孩子看似在认真写作业，但作业本上的内容并没有什么变化，大概会情不自禁地讲出上面这些话。其实仔细想想，这并不都是孩子的错。

从情感角度讲，已经端坐在书桌前一个小时的孩子，注意力开始不集中难道不是一件很正常的事情吗？作为一个成年人，你是否能够保证在完成一项工作的时候可以一直全神贯注、一刻都不放松呢？如果不能，对孩子的要求为何又如此苛刻呢？

从科学角度讲，孩子的注意力发展遵循着一定的规律，如果对孩子提出不符合其当前发展水平的要求，不仅不能达到预期的目的，而且可能会阻碍其正常发展。高年级孩子的有意注意已经开始占据主导地位，对注意力的控制能力也在逐渐增强，与之前相比，他们能够更好地专注学习，减少分心。但研究表明，10—12岁孩子的注意力集中时间一般为25分钟左右，所以我们在判断孩子注意力是否能够保持集中时，应该以此为标准。

拓 展 阅 读

科学概念：最近发展区

维果茨基的"最近发展区理论"认为学生的发展有两种水平：一种是学生现有的独立解决问题的水平，另一种是学生在成人或有能力的同伴的帮助下能达到的潜在发展水平。两者之间的区域就是最近发展区。因此，我们对孩子的培养或要求应着眼于他的最近发展区，为其提供带有一定难度的任务，这样既能够激发孩子的积极性，又能帮助其充分发挥潜能，实现自我超越。

科学实验：“习得性无助”的小白鼠

心理学家曾经做过一个实验：将小白鼠放到一个有门的笼子里——笼子的底是金属的，然后给笼子底通上低电流，使小白鼠受到虽然不致命但是会引起相当痛楚的电击。如果此时将笼子门打开，小白鼠会立刻跑出笼子躲避电击。接着，实验人员用一个玻璃板将笼子门堵住，当小白鼠再次遇到电击要向外跑的时候，它就会被玻璃板挡回来。如此反复几次，小白鼠一次又一次地被电击，逃跑，被玻璃板挡住……隔了一段时间之后，当再次给笼子通电时，心理学家发现小白鼠已经不会再向外跑了。此时将玻璃板撤走，它也不会主动逃出笼子，而是甘愿忍受电击的痛苦。心理学上将小白鼠的这种状态称为“习得性无助”。

为了提升小明完成作业的效率，爸爸、妈妈和他约定：如果每天晚上 9 点之前，小明能完成自己的所有家庭作业和学习任务，那么就奖励他看 1 小时他喜欢的电视节目。此约定实施一个月以来，小明的作业完成情况确实得到了改善，基本上每天都可以按时完成，不再需要爸爸妈妈反复提醒。然而，最近小明妈妈感受到这个约定带来的一个弊端——小明上床睡觉的时间并没有提前，反而变得更晚。每天晚上妈妈都要花费好长时间才能让小明关掉电视机去洗漱，客厅里妈妈的催促声好像完全进不到小明的耳朵里……

类似的场景在不少家庭会出现：当孩子正在做一件自己喜欢的事情时，比如看电视、玩游戏、看课外书等，任凭父母如何呼喊都得不到回应。是孩子假装没听见吗？其实不然，是孩子沉浸在自己当前的世界里，根本没有接收到父母发出的信号。明白了这一点，相信很多父母都会在心里默默感慨：

"如果把这样的专注力用在课堂上、用在完成作业上，那学习还有什么可以发愁的呢。"面对类似情况，父母可以参考以下策略。

策略一：培养孩子对学习的兴趣

通过类似的故事，我们可以清晰地感受到，当孩子正在做的是他非常感兴趣的事情时，他就会全身心地投入，基本不会受到外界的干扰。孩子对事情越感兴趣，他集中注意力的时间就会越长。所以，如果想让孩子学习时也能够像看电视时一样专注，家长就需要培养其对学习的兴趣。

策略二：适当休息，提高效率

孩子的注意力还会因为疲劳而加速衰退。如果长时间保持高强度的学习，休息不充分，身体状态较差，那么他集中注意力的时间就会变短。因此，家长在给孩子布置任务的时候，需要考虑间隔30—40分钟，让孩子适当休息，或者转移注意力，做一些轻松有趣的事情。

拓 展 阅 读

一项针对11岁孩子的相关研究发现，处在这个年龄阶段的孩子，他们的注意力集中情况主要可以分为三类：昼间型（早上7点达到注意力水平的最高点，然后逐渐下降，下午3点稍有回升）、夜间型（白天注意力水平不断上升，晚上7点达到最高峰）、混合型（上午10点注意力水平最高，中午下降，下午3点又开始回升，晚上7点出现第二个高峰）。[1] 如此看来，晚上7点是孩子注意力提升的一个关键时间节点。要想利用好最佳时段，父母首先应该花一些时间和精力观察自己的孩子，找到他的注意力水平的高峰时段。

---

[1] 张祥铺.小学生注意力水平周期节律的实验研究[J].心理科学，1993（6）：379–380+373.

4. 身体的成长变化

高年级的学生大多已经有了青春期生理变化，这个阶段是他们很多个"从无到有"的过渡时期。是否能够平稳顺利地度过这个特殊的阶段，直接关系到他们的青春期发展状况。对于父母而言，要想给这个阶段的孩子恰当的支持和教育，首先要做的就是对孩子在此阶段的各项生理变化有所了解。

女孩的生理发育及意识

高年级的女孩身体发育会呈现出很大的差异性：有的孩子已经有了非常明显的青春期生理特征，有的孩子身体上还没有任何发育的迹象，大部分孩子处于两者之间，身体发育开始慢慢显露。首先要明确，高年级女孩的发育程度各不相同，这属于正常情况。

从平均水平看，身高上的变化比较明显。这个阶段女孩的身高、体重都在快速增长，基本上可以达到成年的80%，乳房的发育也在继续。处在这个年龄阶段的女生会格外关注自己和别人的胸部发育，有些孩子会很期待自己的这些变化，而有些孩子则会因为自己的身体变化而感到尴尬和不适，甚至为了不让别人发现自己的这些变化开始弓着背走路。这时，父母尤其是母亲要格外关注女儿的身心状况，及时给予积极的帮助和引导。

策略一：帮助孩子了解相关知识

当发现孩子进入身体发育阶段时，母亲可以陪孩子一起阅读相关的书籍，观看教育视频，让孩子认识到此时身体的变化是一种十分正常的成长变化，同时对相关的科学知识有所了解。另外，要帮助孩子做好应对变化的准备，孩子有了充分的心理准备，就不会出现大的心理波动。

策略二：及时调整孩子的服装

父母要帮助孩子及时调整穿衣风格，让孩子少穿或不穿紧身的衣服，尽量选择一些宽松版型的衣服，帮助孩子缓解尴尬心理，逐步适应身体的变化。

策略三：关注孩子的生理和心理变化

一些孩子会因为自己过分迟缓的发育而产生自卑心理或者担心焦虑等情绪。发育迟缓孩子的母亲要特别关注孩子的情绪变化，除了向孩子讲解科学知识，还可以通过自己的亲身经历帮助其缓解焦虑情绪。如果有条件，母亲还可以为孩子适当增加促进生长发育的食物。

除了身体形态的变化，对于高年级的女孩来说，还有一个重要生理变化就是月经的到来。一些女生五年级时已经开始月经来潮，其中有的会出现短暂的经期反应，如感到腹痛、胸胀或者恶心。这个阶段母亲要格外用心，帮助孩子做好迎接青春期的准备工作。

（1）帮助孩子了解生理卫生知识。帮助孩子了解一些月经方面的知识，以及月经可能引起的生理反应，让她们做好月经来潮的准备，比如卫生巾的使用，月经期间的各种注意事项，包括饮食、着装、睡眠等方面。这些能让孩子在面对第一次月经时变得从容、淡定。

（2）关注孩子的心理变化。这个阶段的女生心理上十分脆弱。月经这个话题对她们而言极为特殊，很多孩子可能会因为害羞而不敢表达，很多想法憋在心里，日积月累便有可能产生心理问题。

（3）对孩子进行适当的性教育。很多时候孩子不良情绪的产生是因为她们对科学知识了解得不够清楚，尤其是不了解青春期的生理特征。所以，母亲可以有意识地对孩子进行适当的性教育，如和孩子一起观看相关的教育视频，共同阅读相关图书，帮助孩子掌握生理知识，避免不良情绪的产生。

男孩的生理发育及意识

不同于女孩，高年级男孩的生理发育没有太大的个体差异，基本上处于同一水平。高年级男孩的身高在加速增长，但大部分男孩长高的速度还没有到最快的时候。他们骨骼的发育比较突出，尤其是他们的肩胛骨、锁骨和胸骨，相比之前更加粗壮。与此同时，他们也进入了一个体重明显增长的时期，体内脂肪堆积的速度加快，尤其是胸部脂肪的增加让男孩的身材变得魁梧。

高年级男孩的生殖器官的发育速度也开始加快，已经不时出现勃起。这个阶段，导致男孩生殖器勃起的原因多种多样，如骑车、跑步、聊天、做梦等。随着年龄的增长，导致勃起的原因越来越有具体的倾向性。

这个阶段的男孩开始注意男女生之间的差别，会对男生和女生的身形、走路姿势、说话语气等进行评价。同时，他们对女生的月经也有所了解，甚至对卫生巾也不陌生。此时需要注意的是，那些身材较矮、发育较慢的男生可能会被其他男生嘲笑。虽然男生的心理没有女生那么脆弱，但对照男生自身的发展规律，这个时期也是他们相对敏感的时期，因此父母要多关注孩子的心理状况并适当引导。

5. 运动的神奇魅力

运动会是每所学校都有的校园活动之一，备受师生和家长的关注。

当你看见红色的跑道上那个熟悉的身影在拼尽全力奔跑，当你看见嫩绿的草坪上那个熟悉的身影在蓄势待发，当你看见班级队伍里那个熟悉的身影在卖力加油呐喊，你是否觉得此时的他十分可爱，让你骄傲？这就是运动的神奇魅力！对于高年级的孩子来说，运动有以下好处：

（1）释放体内用不完的能量。一刻都闲不下来的身体，可以借助运动释放多余的能量。

（2）集中注意力。你很难发现有哪个孩子会在运动的过程中走神，他们都会全身心地投入到运动中。

（3）促进身体发育。此时孩子的骨骼、肌肉都在迅速增长，加强体育运动对孩子的身体发育大有裨益。

高年级的孩子过山车般起伏不定的情绪、敏感脆弱的心理、青春期的叛逆，都让父母焦虑不安。对于消极的情绪，最好的处理办法就是表达出来，而运动就为表达这些情绪提供了一个很好的出口。如果你的孩子或者你自己正处在某种消极情绪中，那么一起来运动吧！

第 2 章
孩子良好习惯的培养

1. 爱学习，会学习

2020年9月，一位高年级孩子的家长关注最多的是线上"2022年××学校新生家长群"。两年后的新生家长群已经是一个300人以上的大群，每天都有家长在其中发言、讨论，比如：今年××学校一共招收了多少学生，都有哪些条件；刚刚出台的入学新政策又有了什么调整；今年××学校有扩招的计划；等等。这位家长每天的心情都会随着群里消息的不断刷新而变得更加焦虑。

进入高年级，也许孩子并没有感受到"升学压力"，但很多父母已经在为孩子的升学感到焦虑，尤其是当父母看到孩子的成绩落后于周围同学的时候，这种焦虑便会与日俱增。可能父母会奇怪，自己孩子的学习成绩一直处在班里的中等水平，为什么会突然间与其他同学有如此大的差距？这种突然间的差异变化会让人无法接受。其实，这并不是一个突然的结果，而是孩子的不良学习习惯逐渐作用的结果。

学习习惯对孩子的学习成绩影响很大。低年级的时候，学习任务较少、学习难度较低，这种影响并没有显现出来。但当孩子进入高年级后，随着学习难度不断加大，学习任务明显增多，不良学习习惯带来的影响也就越来越突出。

事实上，培养孩子学习习惯的关键时期是小学低年级阶段。如果孩子在低年级时养成了良好的学习习惯，进入高年级之后，即使学习任务增加、学习难度加大，孩子也能很快适应。有些家长会问："孩子已经进入高年级了，我们才发现孩子的问题是不是已经太晚了？"从客观上讲，错过了低年级这个学习习惯养成关键期，再去纠正不良习惯或者重新培养一个好的习惯，确实需要花费更长的时间。但是，只要家长意识到这个问题，就为时不晚。此刻，家长应该感到庆幸，因为发现问题就意味着迈出了成功解决问题的第一步。

随着高年级孩子思维水平的提升和自我意识的增强，他们对学习成绩和分数的理解也会有所变化。因此父母在帮助孩子培养学习习惯时，要以尊重和理解为前提，尝试通过沟通引导，让孩子自己去发现良好的学习习惯的重要性，这样他们才会有更大的动力养成良好的学习习惯。

对于学习习惯的培养与调整，父母可以参考以下策略。

策略一：让孩子自己做决定

父母可以和孩子共同探讨，分析形成不良学习习惯的原因，寻找改变方向，设定具体的改变目标，并制订详细的行动计划，还可以共同商定奖罚制度来帮助执行此计划。

策略二：耐心等待，静候变化

习惯的养成是一个长期反复的过程，在不断的积累和强化中才能形成稳定的习惯。因此，耐心和坚持显得尤为重要。同时，我们还需要"拥有"一双时刻发现美的眼睛，发现孩子在习惯养成和调整过程中的积极变化。

具体的学习习惯分类

基本学习习惯：指孩子为了适应学习生活而必须具备的、基本的学习习惯。偏重于行为规范，比如规范的书写姿势、按时完成作业、上课认真听讲等。

拓展性学习习惯：指孩子为了适应拓展性、探究性学习而需要具备的学习习惯。比如和同学合作完成某项任务、撰写简单的调查报告等。

个性化学习习惯：指孩子自身带有明显个人特色的学习习惯。比如通过思维导图的方式进行学习、使用某种记忆方法背诵英语单词等。

在小学阶段，孩子需要培养的学习习惯主要是基本学习习惯，其次是拓展性学习习惯，对个性化学习习惯没有硬性要求。

Tips 小贴士

针对高年级孩子，父母可以重点培养的学习方法

方法一：排除干扰。对孩子的学习造成干扰的因素有很多，首先就是父母本身。如果你会时不时走进孩子的房间，给孩子端茶送水，关注一下他的学习进度，或者关心孩子累不累，那么你已经不自觉地成为干扰孩子学习的一分子。如果要帮助孩子养成良好的学习习惯，父母就尽量不要去打扰他。其次，有太多影响孩子学习专注力的干扰源，比如：房间里各种各样的花哨装饰、照片海报，随手可以拿到的电子产品（智能手机、平板电脑等）；孩子是在客厅里学习，旁边有看电视的爸爸或收拾物品的妈妈；等等。对这些干扰源要坚决加以排除。

方法二：让孩子自我检查。日常学习中，家长要引导和提醒孩子养成检查的习惯。比如你可以温和地提醒孩子，再检查一遍今天写的作文是否有错别字。父母不要代替孩子检查。

方法三：设置目标。跟孩子一起设置目标，制订具体细致的计划，并约定某种奖励标准，帮助他自主安排学习生活。制订目标的方法可以参考SMART 原则。

SMART 原则

SMART：S=Specific，M=Measurable，A=Attainable，R=Relevant，T=Time-bound。

Specific：具体，即制订目标一定要非常具体。比如读书，如果把目标设定为"每天读书"就太过笼统。如果把目标设定为"每天晚上睡觉前读半个小时的科普读物"，就更清楚、具体。

Measurable：可度量，即制订的目标一定要便于评估。比如把目标定为"每周读一本好书"，那么什么是好书呢？若把目标定为"每周读一本科普读物"，就能更好地衡量完成效果。

Attainable：可实现，即一定要根据现实情况制订可实现的目标。同样以读书为例，对于高年级的孩子来讲，如果将目标定为"一周读一本名著"，显然不合适，因为孩子根本无法完成。不如将目标定为"每周读完一个章节"，虽然看起来进度较慢，但是具有可行性，反而会有好的效果。

Relevant：相关性，即制订的目标一定要和孩子的某种行为习惯养成相关联。

Time-bound：有时限，即每个目标的实现都需要有一个特定的期限。依然以读书为例，如果将目标定为"读完四大名著"，没有限定时间，那么它基本上很难实现，因为孩子会认为自己还有很多时间可以读书。如果将目标定为"暑假读完一本名著"，再根据暑假的时间和名著的篇幅预估每天读几页或者几章，那么完成任务的可能性就会大大增加。

2. 做自己房间的主人

早上起床后，看着床头妈妈帮忙准备的衣服，六年级的壮壮眉头一皱，脸上多了一些不满的表情，随之而来的是一声略带抱怨的呼唤："妈——"闻声而来的妈妈站在门口，孩子说："我不想穿这件衣服，还有别的吗？你再帮我找一件。"妈妈不解地看着准备好的衣服，问："这件衣服怎么了？今天天气凉，这件衣服穿着既暖和又舒服。"望着儿子始终没有舒展的眉头，妈妈突然很生气："你自己去衣柜里找一件穿吧，我不管了。"说完扭头进了厨房。

很多高年级孩子的父母会疑惑：为什么我买的衣服孩子总是不喜欢？为什么孩子的衣柜永远不能收拾整齐？那是因为高年级的孩子已经对自己的穿着打扮有了主见和想法，他们开始关注自己喜欢的装扮；再加上性别意识的增强，他们开始意识到男生和女生在选择衣服的款式、颜色、风格上的差别。而父母准备好的衣服，多半没有参考孩子的意见。孩子更希望"自己的衣服自己做主"。

这时，父母要做的就是给孩子自主选择和安排的权利。

策略一：让孩子自己选择衣服

让孩子自己选择购买什么类型的衣服，自己决定房间衣柜的分区和摆放。

也许，有些父母会担心孩子不能将衣柜收拾得整整齐齐，担心房间会变得乱七八糟，但即便真的出现这种情况，那也是孩子自己的选择，也许这样的环境会让他们更舒心。

策略二：与孩子约法三章

在给孩子自主选择权利的同时，要跟孩子约法三章，比如换洗的衣物要自己整理、要保证房间的卫生等。这样，一方面能督促孩子进行房间的卫生清洁，以保持整洁舒适的环境；另一方面，让孩子明白自己作为房间的主人，在享有一定权利的同时也必须履行一定的义务。

简单的房间装饰

高年级的孩子在装饰房间上也有了自己的规划。比如他们会把自己喜欢的装饰摆件放在特定的位置，会自己挑选喜欢的床上用品、窗帘、地毯等。高年级孩子的家里，经常会出现这样的对话：

"妈妈，我看同学家屋里贴的粉红色小桃心的壁纸特别好看，您也给我的房间贴壁纸吧。"

"那行，改天我去市场选一下，约师傅过来贴。"

"周末我和您一起去挑吧，我不是很相信您的审美眼光。"

"爸，你看，我妈给我的屋子装一个粉色的窗帘是什么情况？"

"窗帘能挡住阳光就行了，是什么颜色重要吗？"

"不行，我接受不了，赶紧拆了！挂你们屋去吧。"

这些对话反映出这个阶段的孩子的自我意识开始明显增强，他们希望对自己房间的布置有更多的话语权。这个时候，父母如果还期望完全按照自己的想法布置孩子的房间，让孩子像之前一样乖乖听话，已经不那么容易了。其实，这正是培养孩子自理能力的一个好时机，给孩子更多的权利，让他们自己装饰房间，父母只需要把这个权利控制在一个自己可以接受的范围内就好了。

培养房间的小主人

高年级的孩子已经不再是家里的"小公主"或"小少爷"，而逐渐成为家庭中渴望平等对待的一分子。在这个阶段，父母最重要的任务就是尊重孩子独立自主的意识，并顺势培养他独立自主的能力，帮助他顺利从儿童向少年过渡。

策略一：给孩子更多的自主权

对于孩子自己能做出判断的问题，父母不妨把决定权交给孩子，这也是对孩子的一种尊重和理解。父母应该控制好自己的语言和行为，多给孩子提供机会，让孩子自己决定选择什么、怎样去做，比如让孩子选择买什么衣服、怎样装饰房间等，父母只需引导孩子做出明智的选择。

策略二：权利与义务并存

让孩子成为自己房间的主人，除了在房间的布置、装饰上让孩子有自主权利外，更重要的是让他学会自己整理衣柜和书柜，自己折叠衣服、收拾床铺，等等。父母应该让孩子意识到这是他的房间，打扫卫生、整理物品都是他的义务。

做好了前面的这些铺垫，父母只需要耐心地陪伴和等待。要知道每一项技能的培养都需要一个过程，也许孩子自己动手会花费更多的时间，但父母不能因此而越俎代庖，耐心和信任才是培育出果实的养料。

3. 我的时间我规划

"壮壮，快点去洗漱睡觉，你看现在都几点了？"这是妈妈今天晚上第三次催促壮壮快去睡觉了，显然这一次又是以失败告终。壮壮依然窝在客厅的沙发上，端着水杯，看着电视，丝毫没有被妈妈的喊声干扰。忍无可忍的妈妈最终来到客厅，粗暴地拔掉电视机电源。当屏幕一片黑暗的时候，壮壮才慢吞吞地起身走向洗手间，嘴里碎碎念着："哎！还有一点儿就看完了……妈，你关电视都不用遥控器，这样对电视机一点儿都不好，会缩短它的使用寿命！"

高年级的孩子基本上无法做到"晚上九点钟上床睡觉"。他们好像对"早点去睡觉"这件事十分抵触，每天晚上父母催促他们回房间睡觉都像一场战斗，极易引发父母和孩子之间的冲突。孩子经常会因为被频繁催促睡觉而发脾气，也会为了拖延时间绞尽脑汁想出各种理由，比如手里的书还没有看完，作业还差一点没有完成，还要整理书包，某个电视节目还没有看完，等等。正因为上述情况的频繁发生，导致这个阶段的孩子作息时间不规律。

小学阶段是孩子习惯养成的关键时期，良好的作息习惯对孩子的身心健康发展、学习能力的增强都十分重要。在这个阶段对孩子作息习惯的培养应该侧重于提高他们的时间规划和时间管理能力。如何培养孩子的时间规划和时间管理能力呢？

策略一：引导孩子制订作息计划表

针对孩子时间观念不强、做事容易拖拉的问题，父母可以引导孩子对自己的时间进行合理规划和有效管理，制订符合自身情况的作息时间表。这个时间表要让孩子按照自己的想法确定，以保证他可以百分之百地执行。时间表可以打印出来并贴在孩子随时可以看到的醒目位置。

策略二：以"打卡"的方式让孩子进行自我监督

家长要帮助孩子进行自我监督，使其认真执行时间表。需要提醒父母的是，除了制订时间表，执行工作也要由孩子自主完成，而不是父母每天在孩子的耳边念叨"规定的时间马上就要到了啊"，或者"你看看，又超时了"。为了帮助孩子更好地执行时间表，父母可以和孩子一起制作打卡表，记录每天完成任务的时间，还可以设立一些奖励或者处罚措施。

策略三：父母和孩子进行"打卡"比赛

制订合理的时间计划只是第一步，重要的是执行和坚持。孩子总会以父母为榜样，如果父母也能制订自己的时间表并打卡，和孩子比赛，会给孩子很大的动力去执行计划。父母这样做，既可以完善自我，又可以帮助孩子养成规划时间的习惯。

第3章
孩子的情绪和社会性发展

1. 情绪"过山车"

林林一家三口计划周末去野外踏青，顺便来一次野餐。

周六一大早，林林就特别兴奋地收拾东西，如帐篷、地毯、自己爱吃的零食、出门穿的衣服等。从她上扬的嘴角和哼唱的曲子可以看出，这个早上她的心情很不错。上午十点，一家人驾车出发。闲聊中，妈妈又提到了上次家长会上老师说过的某句话，原本还一脸兴奋的林林瞬间噘起了嘴："妈妈，您能不能不要这么扫兴啊！"看着变脸的孩子，妈妈赶紧安慰，但效果并不理想。直到下车，妈妈都在考虑如何活跃气氛让孩子开心起来。反观林林，好像刚刚什么都没有发生过，抱起帐篷就跑向了远处，边跑边喊："爸爸、妈妈，你们快点啊！"

高年级孩子的情绪变化总是让父母摸不着头脑。其实，这样的情绪起伏在孩子低年级时父母已经感受过，但高年级孩子的情绪状态和低年级孩子的情绪状态并不完全相同。高年级的孩子已经有了较强的自主性，他们对情绪的自我觉察和管理的能力也有了很大提高。因此，对于这个年龄段的孩子，父母应该注重引导他学习自我调节情绪的方法，而不是想着帮他解决一切问题。

高年级孩子身上体现最多的情绪是"生气"，他们好像总有发脾气的理由。比如某一天早上，因为想要赖床五分钟的心愿没有达成，他们可能会一早上都板着脸，用不吃饭的方式跟父母对抗；又比如家里的弟弟或妹妹不小心碰到了他的某本书或某件玩具，或者在他看电视、玩电脑的时候，弟弟或妹妹上前说话，他会立刻感到恼火并当场发作。

这样的情况在学校也时有发生。同学的一句玩笑都有可能引发当事人强烈的情绪反应，如和对方大吵一架。

总之，高年级孩子的情绪很容易被一点儿小事影响，而且他们很多时候不会主动和父母交流。面对如此敏感又易怒的高年级孩子，父母一定要更加关注他们的情绪变化。

敏感地捕捉孩子的情绪变化

父母平时要多留意孩子的情绪变化，尝试找出孩子情绪变化的规律，比如什么情况下孩子的情绪比较平静，遇到什么情况时孩子会很兴奋，发生什么情况孩子容易一下子情绪激动甚至愤怒。

分析孩子情绪变化的原因

掌握了孩子情绪变化的规律，父母就可以更好地了解孩子情绪起伏的原因，从而尽量避免容易激怒他的言行。当孩子出现不良情绪时，父母可以第一时间去探寻原因，从而更好地帮助他进行自我调节。

高年级孩子已经有了一定的情绪感知能力，能够觉察出自己情绪状态的变化。例如当考试成绩不理想时，他会感到沮丧；当午餐没有自己喜欢的食物时，他会感到失望和烦躁。当然，他们也能意识到自己因为某件事情的发生而变得开心起来。但是，很多时候他们还不能十分准确地找到这些情绪产生的原因。

同时，高年级的孩子也掌握了一定的情绪调节方式，遇到某些不良情绪时能够试着安慰自己。比如晚上因为没有按时睡觉而被妈妈说得烦躁时，他们会在内心告诉自己："妈妈也是为了让我能够有充足的睡眠，保证第二天有良好的精神状态。"然后尽量平复自己的情绪，乖乖地洗漱睡觉。此时，孩子的情绪调节方式会根据自身经验的增多和能力的提高，转变为建设性的、以问题为中心的方式。当然，情绪调节的方式也受孩子性格特点的影响：性格比较外向的孩子会更多地选择以问题为中心的方式，如寻求他人的支持；性格比较内向的孩子更倾向于选择以情绪为中心的策略，如通过暂时忽略、远离、逃避的方式来应对。

 Tips 小贴士

不同的情绪应对方式

以情绪为中心的应对方式：控制和改变已经产生的消极情绪，利用远离、情绪伪装等方式应对。例如当某次比赛没有获得好名次时，会通过回避提及成绩、远离获奖的同学、看电视转移注意力等方式应对；当好朋友之间出现争执时，会选择尽量避免两个人碰面、不与对方接触交流，假装愉快地和其他同学聊天等方式来掩饰自己的愤怒或者失落情绪。

以问题为中心的应对方式：确定困难所在，并下定决心处理该问题，找到情绪诱因，寻求支持和帮助。例如当某次比赛没有获得好名次时，孩子会根据这次的比赛经历总结经验，找到失败的原因，争取下次取得好成绩。

2. 关注他人，换位思考

学校组织端午节包粽子比赛，老师让同学们回家之后邀请爸爸或者妈妈来学校一起参加活动。得知这个消息，全班同学都异常兴奋。回家的路上，然然和米琪都夸耀自己的妈妈有多厉害，说妈妈包出来的粽子又美观又好吃。就这样有说有笑地回到家后，然然没顾上放下书包就去邀请妈妈来学校参加活动，结果妈妈说单位有重要的会议，不能参加。看到然然一下子变得特别失落，妈妈建议她邀请爸爸去参加活动。这时然然又开始担心，因为爸爸包粽子的水平并不高，肯定不能帮自己在比赛中拿到好名次。

这就是我们的高年级孩子，对他人有很苛刻的要求，尤其是对自己的父母。如果父母没有顺从他的意愿，或者答应的事情没有百分之百地做成，那么，父母一定面临一场严苛的"审判"或者一顿抱怨。例如爸爸答应孩子，周六晚上带他去看一场电影，但因为工作的关系需把计划推迟到周日晚上，虽然理由十分合理，但是对于孩子而言是爸爸严重违反了约定。再如学校的亲子运动会上，孩子要求妈妈去参加比赛并期待妈妈取得好成绩，然而最终妈妈并没有获得好的名次，那么孩子一定会觉得妈妈并没有尽全力，也许他还会指责妈妈根本就不想参加活动……

或许有的父母会认为，如果孩子能够用同样的标准去要求自己，岂不是省掉了很多麻烦，再也不用事无巨细都要叮嘱和监督他们了？然而，这个阶段的孩子秉持的是"宽以律己，严以待人"的双重标准，要求别人做到而自己并不需要做到。他们认为这是理所当然的事情。

面对这样"不可理喻"的高年级孩子，有两点小建议送给父母：

首先，接纳孩子此刻的状态

父母应该认识到，孩子成长过程中的每个阶段都有其特点。高年级的孩子正处于自我意识形成期，他们对事物有了自己的观点和看法，并且固执地认为自己才是对的。但由于生活和社会经验的不足，孩子的观点和看法往往是不全面的。

其次，主动向孩子表达自己的需求

在保证自己有一个平和的心态的基础上，父母要引导孩子多关注他人的想法，尝试换位思考问题。其实，父母可以适当地向孩子表达自己的需求，让他知道他并不是世界的中心。

3. 我是男生，你是女生

"娜娜，后天你的生日聚会都请哪些同学来家里啊？"

"就是和我玩得比较好的那几个女生啊！小昱、畅畅、玉洁，可能还有两个。怎么啦？"

"我是问问有多少人，好给你们提前准备午饭。"

"差不多五六个吧。"

"全是女生啊！你就没邀请男同学吗？对了，你同桌石磊就住咱们小区，不叫来一起玩吗？"

"妈，您瞎操心什么啊！干吗要叫男生来？我们女生一起玩，男生掺和什么！您就别管这么多了，我要看书了，您先出去吧。"

高年级的男孩和女孩都处于生理发育十分迅速的阶段，他们的身体都有了十分明显的变化。伴随着身体变化而来的，是越来越强的性别意识，因此他们结交朋友的范围也开始趋向于同性之间。有研究指出，能够坚定地保持性别界限交朋友的孩子往往更受同伴的欢迎，而那些喜欢与异性交朋友的孩子更有可能遭受同伴的排斥。

很多高年级的孩子暂时还没有明确的自己喜欢的异性朋友，同性朋友在他们的"朋友圈"中占据了80%以上的比例。但是当被问到他们对周围异性的看法时，大部分孩子表示自己有比较喜欢的异性类型。这在某种程度上向我们暗示，他们离"恋爱"已经为期不远了。

比如故事中的娜娜，当妈妈问为什么不邀请她的男生同桌来参加生日聚会的时候，她的第一反应就是"妈，您瞎操心什么啊"，可见这个时期的孩子对男生和女生的关系是极其敏感的。而这个年龄段的孩子又很喜欢多人一起开某些同学的玩笑，如这个男生喜欢哪个女生等。对于这样的玩笑，有的孩子能够一笑了之，有的孩子却可能被玩笑困扰。这时父母就应该及时关注孩子的情况。

策略一：确认孩子是否真的有了"喜欢"的人

首先，父母要明确这是一个玩笑，还是孩子内心确实"喜欢"某个异性。如果是玩笑，那么父母可以和孩子一起分析为什么同学会开这样的玩笑，同时，还要帮助孩子明确男生和女生交往的界限。如果孩子因此产生了很大困扰，父母还可以告诉孩子，不必理会同学的玩笑，他们的行为得不到"强化"，玩笑自然就会消失。

策略二：巧妙将"喜欢"转化成前进的动力

如果孩子对同学产生了"喜欢"的感情，父母也不必惊慌，更不要粗暴地进行干涉和教育，因为无论是喜欢别人还是被别人喜欢，都是十分正常的现象。在这一前提下，父母要及时与孩子沟通，可以问孩子一些问题，比如："你喜欢班里的哪个同学？为什么呢？""你要怎样做，争取早日和他（她）一样优秀呢？"……这样就将孩子的"喜欢"转变成一种积极的动力，督促他不断进步。

异性交往和同性交往的差别

一天晚上，娜娜的爸爸妈妈在她与男同学交往的问题上产生了分歧。爸爸发现娜娜和同班的一个男同学相约放学后一起讨论下周的班会内容，他心里开始犯起了嘀咕。爸爸就和妈妈讨论起这件事。妈妈觉得孩子们讨论班级活动属于正常的同学交往，可是爸爸觉得女儿已经大了，应该和男生保持距离，坚决不允许女儿和男生单独活动。爸爸还要求妈妈在这个问题上必须与自己保持立场一致。

如何正确看待娜娜与异性同学的交往？首先要明确一点：在孩子的同伴交往中，同性和异性对他们的成长会有不同的作用。

（1）在这个阶段，同性之间的交往往往能产生牢固的友谊，并且他（她）们之间互相影响，可以更好地帮助他（她）们实现性别角色认同，作比较清晰的角色定位。

（2）异性之间的正常交往利于孩子平稳度过青春期。

高年级孩子开始进入青春期，孩子在身体和意识上都已经开始有了青春期的萌芽。在这个阶段，父母如果适时地鼓励和引导孩子与异性交往，有利于他们平稳地度过青春期。

4. 同伴关系优于家庭关系

他只是需要一个听众

"贺老师，小鹏今天去找您了吗？"反复斟酌后，小鹏妈妈还是给老师发了信息。

"今天中午排练时他见到我了，但没和我说什么。怎么了？"看到信息的贺老师一头雾水。

"他昨天又跟我说墨欣针对他，他忍无可忍。我建议他找您聊聊，可能他不敢去。"

"那我还是等他找我吧！"随后，老师给小鹏妈妈发了一个微笑的表情。

小鹏妈妈说道："听孩子说昨天朗诵排练的时候，大家都认同小鹏的处理方法，但墨欣让小鹏走。小鹏说了一句'这可是你让我走的'，然后他就走了。回来孩子问我下次再发生这种事该怎么办。"

"您没问他打算怎么办？"贺老师说。

小鹏妈妈说："我问了，他说只要墨欣在朗诵团，他就不想参加活动了。我觉得孩子这是在逃避。我想问问您，他俩是有什么矛盾吗？我和他说，墨欣是团长，还是听她的吧。孩子说墨欣不能以德服人。我该怎么安抚孩子，让孩子从心里认可墨欣？"

贺老师回复道："个人认为没有必要让小鹏从心里认可墨欣。在您看来的逃避可能是现阶段小鹏解决问题的方式，而且这是他目前能接受的结果。"

"可是，他昨天回家后很气愤和沮丧……"隔着手机，贺老师感受到了小鹏妈妈的焦急和心疼。

"这是孩子的正常表现。现阶段，孩子会因同伴对自己的评价、交往中出现的问题而出现情绪波动，他的沮丧也源于此。他向您倾诉，却没直接来找我，在我看来这是他化解消极情绪的一种方法。当倾诉不能化解消极情绪时，他就会主动想其他的办法了。"

"对对对，就像您说的。我问他是否需要帮忙时，他的确说'不用'。"贺老师的话好像说到了小鹏妈妈的心坎里，"我怎么没想到，这是他现阶段处理问题的方法呢！太谢谢您了，那我就静观其变。"

"当然，孩子有需要的时候，您可要随时提供帮助呀！"贺老师补充道。

高年级的孩子越来越在意自己的个人形象，更在意同龄人对自己的评价。

与家长和老师相比，他们更愿意与同龄人交往，在意同伴关系，也会被同伴间发生的矛盾所困扰。

高年级的孩子会因志趣相投开始有相对固定的同伴。如果被同伴排斥，他们可能会认为自己是个"失败者"，这对他们来说是非常痛苦的事情。孩子甚至会为了迎合同伴而掩饰自己真实的情感。当他们把主要精力放在处理与同龄人的关系的时候，往往就无法像以前一样顾及与家人的关系了。此时，在孩子心中，同伴关系的重要性已经超过家庭关系。

在孩子心中，跟同伴交往与跟家长交往有很大不同。朋友间的关系是平等的，大家彼此信任、相互支持，有困难时会寻求同伴的安慰与帮助。最重要的是，与好朋友谈话，双方都可以平等地表达意见，不存在一方"居高临下"的情况，更不会因一句表达引来多句评判。

同伴在孩子成长过程中具有学校和家庭无法取代的独特作用。孩子在与同伴交往的过程中逐渐学会人际交往的规则，从而认识自己，认识他人，并正确对待自己和他人，这有利于孩子日后掌握社会上人际交往的规则。良性的同伴交往可以缓解孩子在成长过程中产生的一些焦虑情绪，使孩子获得安全感。

但孩子进入高年级以后，交友问题已成为引发亲子冲突的因素中仅次于学业问题的因素。此阶段的孩子在交朋友时会坚持自己的观点和想法，而家长为防止孩子误交损友，往往会对孩子的交友加以限制，亲子关系易因此而紧张。

面对高年级孩子的同伴关系、同伴交往，家长可尝试以下做法。

耐心倾听孩子的心声

作为高年级孩子的家长，要理解、尊重孩子与同伴的交往。家长要学会倾听孩子的心声，倾听他的快乐和挫折的经历。

传授自己的经验

家长要对孩子的人际交往进行正确引导，告诉孩子同性交往、异性交往的边界以及日常交往的礼仪等。在孩子遇到困难的时候，家长应指导孩子学会分析、解决问题，用建议的方式帮助他们找到解决问题的途径，并把自己的经历告诉他，供孩子参考。

改变解决问题的方式

高年级的孩子开始有强烈的"成人意识"，但他们缺乏经验，还不能有效解决某些问题。在面对孩子的交友问题时，家长切不可生硬地说"不许和×××交往""×××不是个好孩子，以后少理他"等类似的话。这样的做法并不能达到家长期望的效果。家长可以通过引用历史典故、新闻、案例等内容让孩子知道选择交往对象的重要性，懂得选益友、避损友，从而更好地促进孩子的社会性发展。

☆ Tips 小贴士

假如不愿意孩子与某人交朋友，家长可以采取平等、坦诚的方式与孩子进行关于"友人"的对话。首先，各自阐述观点；其次，站在对方的角度思考原因；最后，订立规则，如结伴外出时应避免前往的地方等。

作为家长，还可以邀请孩子的朋友到家中做客或者一同出游，深入地观察。如果有条件，还可以组织两家人一起游玩，认识对方家长，加深了解。

第4章
孩子的道德和价值观发展

1. 我要提升家庭地位

　　一个五年级男孩的一家正在为即将开始的家庭聚会做准备，男孩看到爸爸正在布置房间，于是跑过去问："爸，有什么我可以做的吗？"当听到爸爸让他打扫一下客厅的卫生时，他立刻露出了不情愿的表情，并勉强拿起扫把简单地挥了两下就跑掉了。他看到妈妈正在厨房里准备晚餐，又跑过去说："妈，我来帮你吧！"也许是有过以往的"经验"，妈妈直接拒绝了他的请求："你不要在厨房添乱，我一个人可以的，出去帮你爸干活吧！"这句话让男孩瞬间愤怒，扭头就跑进自己的房间，关上了房门。

　　相比于中年级的孩子，高年级的孩子更加在意自己在家庭中的地位。这种在意的直接表现就是他们希望参与家里的所有活动，比如准备晚餐、招待客人、全家大扫除等。他们希望对家里发生的每一件事都了如指掌，并且能够发表意见，参与行动。父母可能经常听到高年级孩子不断地提问："现在我可以干点什么呢？""我来帮你一起……吧。"虽然他们对参与家庭活动非常热衷，但真正做起事情来又不那么卖力，尤其是被分配到一些很简单、没有技术含量的任务时更是如此。让他们去做他们不喜欢的工作，可能会瞬间激起他们的不满情绪。

事实上，热衷于参与家庭活动的背后折射出孩子微妙的心理：一方面，孩子希望自己的家庭地位能够得到提升，让自己有更多的存在感和发言权；另一方面，他们还不敢自己决定做某件事，所以就会不断向父母征求意见。因此，当孩子提出希望帮忙做某件事的时候，父母首先一定要给予鼓励，然后再在做事的过程中对他们进行引导和教育。

大胆给孩子创造机会

如果父母的反应让孩子感受到自己不被尊重，让他感觉自己依然被当作一个小孩子看待，他会受到刺激，进而产生不良的情绪。因此，即便父母知道这件事情交给孩子去做可能会变得糟糕、麻烦，也要给孩子参与的机会。

辅助孩子完成任务，而非直接代劳

针对具体要做的事情，父母可以直接和孩子讨论，询问他的想法，并尽量满足他的愿望。实践过程中，对于那些超出孩子能力范围的事情，父母可以帮助其完成，不要直接代劳。最重要的是让孩子在体验中获得满足感，并在体验过程中慢慢学会做事。

如何面对孩子的质疑?

"然然，快去把晾在外边的被子收进来。"

"为什么是我去？"

"你现在不是没有事情做吗？"

"爸爸现在在看电视啊！爸爸也没事做，让他去。"

"算了，还是我自己去吧，使唤不动你们！"

"妈妈，周末我想和同学去露营。"

"哦，去哪里？和谁一起？"

"就我的几个同学，去郊区的公园，我们打算在那儿住一晚。"

"什么？那不行，太危险了！"

"大家在一起有什么危险的？我们都已经约好了。"

"那也不行。我不管别人，你不能去，现在就跟同学说你有事去不了了。"

"你怎么可以这样呢！为什么你说不行就不行！这不公平，我也有自己的朋友和生活啊！"

孩子进入高年级，很多父母在孩子的教育问题上会有一种力不从心的感觉，以前那个乖乖听话、让人省心的孩子突然间不见了，变成常常和父母对着干，质疑父母的言行的孩子。"为什么啊？""凭什么啊？""这不公平！"类似话语出现的频率越来越高。

父母不要认为孩子是在故意和自己作对，这背后隐藏着孩子渴望被理解、被尊重的意愿。

首先，随着独立意识的增强，高年级孩子的自主性也开始增强，十分渴望获得独立，希望得到成人的尊重，希望和成人平等地沟通。此时如果父母还是用命令式的语言提要求，势必会引起孩子的不满。

其次，高年级孩子要求得到公平对待。一旦他们意识到被父母不公平对待，就会用语言或行动抗争。处在这个年龄段的孩子很难被别人说服，他们的脑子里总会有一个执念："你是劝不动我的，我的想法一定是对的，我要坚持我的想法。"

所以，对于高年级孩子的父母而言，如何有效地与孩子沟通是一个极大的挑战。不过，这个阶段的孩子已经有了基本的是非判断标准，只要父母能够给予他们足够的尊重和关注，他们不会做出出格的行为。

2. 这不是你以为的"撒谎"

周末，一个人在家写作业的小强突然接到了好朋友打来的电话，邀请他一起组队打一局游戏。看着还没有完成的作业和正在悄悄溜走的时间，小强内心很犹豫。这时候，好朋友极力劝说："就打一局，最多半小时，然后你再继续写作业，肯定来得及。我的作业也没写完呢。"最终，小强还是放下了手中的书本，打开了电脑。结果，半小时拖到两个小时。爸爸妈妈回来后，看到还在埋头学习的小强很是欣慰。而此时的小强内心却非常受煎熬，作业完成得并不好，吃晚饭时也心不在焉。他一整晚的乖巧听话让父母很诧异。

高年级的孩子对很多事情的对错已经有了清晰的认识和判断，并且他们会尽力把事情做好，让父母满意。因此，当他们因为某些原因做了错事时，首先自己会感到内疚，又担心父母知道之后自己的处境会更糟糕。在这种矛盾的心理之下，一旦被父母发现真相，他们就会下意识地矢口否认。这不是撒谎，而是为了更好地保护自己。

作为父母，如果孩子出现了类似的情况，应该怎么做呢？

第一，借助孩子的内疚心理引导教育

内疚可以促使孩子坦白，避免再犯错，所以教育的最高境界不是严厉的苛责，而是巧妙地利用孩子的内疚和忐忑心理，让孩子下决心改正错误或努力避免再犯同样的错误，最终引导孩子向积极的方向发展。

第二，不轻易给孩子贴标签

如果因为某些原因，孩子没有主动承认错误，而是试图隐瞒事情的真相，父母也不要给孩子贴上"爱撒谎""不诚实"的标签，因为这个阶段的孩子大多数时候还是会讲真话的。

　　真正聪明的父母会在孩子犯错之后，客观地帮孩子分析错误产生的原因，让孩子主动承认自己的错误，学会承担后果。久而久之，孩子就会有相应的责任感。总之，父母应该慢慢让孩子懂得，他需要对自己的行为负责，要敢于承担做错事的后果。

3. 将"财商"教育引入家庭

　　石油大亨洛克菲勒给子女零用钱的故事流传已久。

　　洛克菲勒家账本扉页上印着孩子使用零用钱的规定：

　　（1）7—8岁每周30美分，11—12岁每周1美元，12岁以上每周2美元，所有零用钱每周发放一次。

　　（2）记录每笔支出的用途，待下次领钱时交父亲检查。

　　（3）如果账目清楚而且零用钱使用得当，则增加零用钱数额作为奖励，反之则要从零用钱定额中酌情扣掉一部分。

　　（4）做家务可得到报酬，补贴各自的零用。

　　洛克菲勒给孩子少量零用钱，并进行指导，以培养孩子当家理财的能力。

　　和洛克菲勒的子女在父亲指导下学习理财相比，很多人从小没有受过"财商"教育，成年后的理财能力不足。很多高年级孩子的家长在力所能及的范围内尽可能满足孩子要求，这使现在的孩子们的零用钱多了起来，同时消费水平水涨船高，生日聚会、社交应酬、出国度假等成了很多孩子经常讨论的话题。家长需要考虑的是：孩子的这些消费习惯是否会使孩子养成讲排场、好攀比的习惯，同时增加家庭负担，引发亲子矛盾。

将"财商"教育引入家庭，让孩子从小正确认识金钱，应成为家庭教育的一项重要内容。当前，财商与智商、情商并称为现代社会三大不可或缺的素质。"财商"一词最早出现在《富爸爸穷爸爸》一书中。财商主要包括两方面的能力：一是正确认识金钱及金钱规律的能力，二是正确应用金钱及金钱规律的能力。

如何对孩子进行财商教育，是很多父母都困惑，甚至根本没有想过的问题。曾经流行的刷碗 5 元、扫地 3 元等"有偿家务"常常在实践中引发更多的问题，这种形式也越来越难以提起孩子的兴趣。建议家长从以下三方面入手，将财商教育引入家庭。

策略一：指导孩子使用零用钱

家长不能以"我可以随时满足孩子提出的购买要求"为由剥夺孩子拥有零用钱的权利。在孩子心中，"家长给自己买"和"自己攒钱买"是两个截然不同的概念。

所以，家长可以每月给孩子一定数额的零用钱。零用钱的数额可以和孩子商定，并随着年龄和物价水平的增长而递增。同时，引导孩子合理分配零用钱，如将零用钱分成用于消费、储蓄等不同用途；引导孩子认真记录每笔钱的使用情况，并定期向家长汇报。如果孩子出现使用不当的情况，家长可在下月酌情扣除一定的金额。储蓄、记账是孩子财商教育的基础。

策略二：家庭活动——我是大当家

家长们可以进行家庭收支公开化，开展"我是大当家"活动。例如让孩子知晓家庭收支情况，让孩子参与家庭收支管理。

（1）家长将每月的家庭收入告诉孩子，参照上月家中的各项支出，做出本月消费计划。

（2）一一记录本月所有家庭成员的支出（可分类进行），月底进行清算。

（3）根据本月结余，召开家庭会议，成员间交流个人对剩余资金的设想。

通过一个月的实践，孩子会初步了解家庭收支情况，感知理性消费对家庭生活的重要性。这样的实践有利于引导孩子形成在考虑家庭实际情况的前提下，提出消费要求的习惯。这个实践也可以一直持续下去。

策略三：从生活细节渗透理财意识

生活处处皆教育，家长要善于捕捉教育时机。如购买日用品时货比三家，让孩子计算购买促销商品时节省的金额，使用自动取款机，比较不同银行的理财产品，等等，都可以成为财商教育的内容。

家长们不仅要关注孩子的学业，还应引导孩子从小树立正确的理财观念，养成理性消费的习惯，初步学会储蓄和投资，这样孩子在未来的人生道路上会更加从容。

4. 小小志愿者助我成长

周五晚上，晨晨跟妈妈说本周学校布置了家庭作业——请同学们利用周末时间，体验一次小小志愿者的角色，参与一项公益活动。晨晨对这个家庭作业很感兴趣，回家的路上就开始思考要去哪里帮助他人，奉献爱心。到家后，他对妈妈说："上次我和小亮在楼下小花园玩耍时，发现小区的健身器械上面落了厚厚的一层灰，很多叔叔、阿姨想要锻炼一下身体，因为器械太脏就放弃了。我想利用周末的时间去为健身器械'洗澡'，这样方便大家使用，也能让它们更好地发挥作用！"妈妈听完孩子的想法很惊讶，同时也感到欣慰，自己的儿子确实长大了！

晨晨不但善于观察，而且愿意付出。

高年级的孩子开始具备一定的社会角色承担能力，能够关注到别人的合理需要，并做出对他人、对社会有利的行为。这个时候正是培养孩子的公民意识和责任心的最佳时机。因此，这个时期，父母应该有意识地培养孩子的公民意识。

第一，为孩子创造机会

父母应该多给孩子创造参与公益活动的机会，比如利用周末时间，带着孩子到社区、公园等公共区域，寻找可以参与的活动，或者约定某个时间陪孩子参与公益活动。父母需要时刻提醒自己：孩子已经长大了，他们有自己的想法和能力，可以自己计划或参与一些公益活动。所以在此过程中，父母一定要最大程度地"放手"，只有孩子主动寻求帮助的时候才是父母出面的恰当时刻。

第二，不吝啬称赞

在高年级孩子的道德认知中，他们认为大多数人赞同的事情就是"好"事情，因此他们愿意去做。有研究表明，孩子喜欢和尊重的成人给予的表扬，能够有效地促进孩子做出有利于社会的行为。因此，父母要鼓励孩子参与公益活动，及时鼓励他们的各种亲社会行为。只有接收到来自外部的积极信号，孩子才会意识到自己所做的事情是正确的、有意义的，从而坚定信念。

第三，以身作则，行为示范

要想培养孩子的公民意识和社会责任感，父母首先要以身作则，规范自己的言行。比如：在平时的生活中，父母要主动参与一些公益活动；当他人需要帮助时，父母要及时伸出援手；在平时的交流、讨论中，父母可以多谈谈对一些社会现象的认识；等等。父母的言行对孩子的影响极大。

父母随笔

PART2

智慧的父母

第1章
孩子进入高年级了，你准备好了吗

孩子进入高年级，在年龄增长的同时，心智也不断成熟。其实，孩子的成长也伴随着父母的成长。这时，父母也需要做充分的准备，比如孩子教养方式的改变、良好家庭氛围的营造等。

那么，孩子进入高年级，父母会遇到哪些问题？又该如何应对呢？

1. 不要让你的情绪失控

婷婷妈妈最近很焦虑，因为她发现婷婷在进入五年级之后，越来越难以控制自己的情绪，发脾气的次数明显增多，更糟糕的是婷婷不再像以前那样乖乖听妈妈的话了，学会了反抗。例如婷婷的家庭作业完成得不够及时、周末的钢琴课表现不是很好被老师提醒、喜欢关起门和朋友在网上聊天等，很多事都能引起婷婷和妈妈之间的"亲子大战"，母女俩经常吵得不欢而散。事后，婷婷妈妈也经常反思，她感觉自己和女儿的关系疏远了。爸爸也开始跟婷婷念叨："你妈妈是不是提前到更年期了？"

在家庭教育中，母亲和孩子之间的冲突更加突出，这和我国的传统社会观念密不可分。一般情况下，母亲比父亲承担更多教育孩子的任务。上述例子中母亲的情绪变化主要是因为她还没有做好充分的思想准备来面对开始进入青春期的孩子，在措手不及的情况下，母亲没能有效控制自己的情绪。

父母强烈的情绪变化，无论是对自身还是对孩子都有很大影响。一方面，父母情绪的波动甚至失控会影响自己的心情，也会给平时的工作和生活带来不良的影响；另一方面，父母较大的情绪波动不仅不能帮助开始进入青春期的孩子应对该阶段的情绪困扰，而且可能引发更多的问题。很多妈妈都有过和婷婷妈妈一样的感受，也希望能够改变当前的状态。那么，父母到底应该如何控制自己的情绪呢？

第一，了解孩子的成长规律，做好思想准备

高年级孩子的自我意识不断增强，他们希望有更多自由的空间和独自做决定的机会。对于这个年龄阶段的孩子，父母需要"放手"，给予他们应有的自由，尊重他们的隐私。过多的控制和约束容易引发矛盾。

进入高年级，孩子青春期的前兆开始凸显，已经有了身体和心理上的变化，有了与异性交往的意识甚至行为。如果父母把这些原本正常的发展规律看成孩子不良的成长变化，那么不仅会导致自己对孩子的错误评价甚至伤害，也会给自己增加更多压力和负担。此时，无论是自己与孩子之间的冲突，还是自身的压力，都会导致情绪波动，甚至情绪失控。

如果父母能提前对孩子的成长规律有充分的认识和了解，就能预知孩子可能出现的问题，并提前做好引导教育的准备。人只有在有准备的状态下，才能更加从容和淡定地面对问题、解决问题。

第二，提高对自己情绪的敏感度

要求孩子学会控制情绪，父母首先要合理管控自己的情绪。父母和孩子之间的关系是双向的，情绪同样也是双向的。孩子进入高年级，会有很多新的变化，这种变化很容易引发父母的情绪反应，因此父母应该及时觉察自己的

情绪问题并进行调整。比如当看到孩子写作业走神的时候，当看到孩子因为马虎而丢分的试卷的时候，当听到老师对孩子表现的负面反馈的时候，你的状态是冷静理智的吗？当孩子出现某些问题，你在与之沟通的过程中的状态是淡定平和的吗？如果答案是否定的，那么可能是你在教育孩子的过程中先于孩子出现了情绪问题，这个时候就需要先改变自己。

第三，采取有效措施自我调节情绪

孩子进入高年级后，他们更在意和坚持自己的想法和观点，也会更加关注自己的面子和尊严。所以，作为高年级孩子的父母，一定要先调节好自己的情绪，有准备地应对孩子出现的问题或状况。当父母意识到自己的情绪出现问题的时候，一定要尽快采取有效措施进行自我调节，不要带着明显的负面情绪与孩子交流，更不要数落或呵斥孩子。否则，不仅达不到教育效果，反而会激化父母与孩子之间的矛盾，不利于良好亲子关系的维持。

更年期临床表现①

女性更年期一般发生在45—55岁，个人自身情况不同，时间也会有一定的变化。根据调查研究，更年期的症状并不会给妇女的日常生活造成严重影响，如果不经过提示性的询问，很多人都没有意识到更年期症状的存在。发生率较高的更年期症状主要有失眠、疲乏、情绪波动、眩晕、头痛等，其次是骨关节痛、潮热出汗、抑郁疑心等。更年期症状的发生率并不是百分之百，它可能会受到多种因素的影响，除了卵巢功能衰退、体内激素水平波动之外，还会受到身体状况、文化程度、经济收入、职业等因素的影响。

---

① 康爱琴．更年期妇女健康状况及影响因素分析 [J]．中国妇幼保健，2013，28（02）：283-286.

当你被情绪左右的时候

当你被情绪左右的时候，要先找到让你情绪失控的触发点。想要找到让你情绪失控的原因，可以对照下面表格里的内容自己反思。当然，如果听取家人尤其是孩子的意见，会更加有效。

找到情绪触发点[①]

与父母相关的内部因素	与孩子相关的外部因素	与孩子无关的外部因素	情绪爆发前的身体信号
烦躁	作业没有写完却在玩手机	母亲的生理期	喘粗气
疲劳	早上起床太磨蹭	一堆家务事等着要做	板着脸
焦虑	在父母的朋友面前表现得不尽如人意	丈夫（妻子）没有按时回家	频频怒视
不知所措	和父母顶嘴	工作上的不顺心	想摔东西
孤独	考试成绩不理想	刚与人发生了矛盾	来回踱步

情绪状态不好的时候尽量选择冷处理，避免对自己和孩子造成更大的伤害。人在不冷静的状态下经常会丧失理智，说出过分的言语，或做出过激的行为，与其因为一时的发泄导致事后更长时间的创伤修复，不如暂时不采取行动，忍一忍海阔天空。

2. 争吵：关起房门的二人世界

小亮今年已经28岁了，大学毕业后顺利考上市里的公务员，事业也算

---

① 朱永新. 这样爱你刚刚好，我的五年级孩子 [M]. 长沙：湖南教育出版社，2017：38.

稳定，可小亮的爸爸妈妈却越来越发愁。原来是两位长辈想让小亮尽快结婚生子，完成他成家立业的使命，而小亮这么一个乖巧孝顺的孩子，偏偏对谈恋爱结婚这件事极其抵触，甚至直接告诉父母他不想结婚，更不可能要孩子。到底是什么原因让小亮对结婚生子产生了如此大的抗拒心理呢？原来是小亮的爸爸妈妈在他小的时候经常吵架，爸爸的脾气不好，妈妈因此受了不少委屈。所以，小亮一方面觉得结婚麻烦，会有无止境的矛盾和争吵；另一方面觉得自己一定遗传了爸爸的基因，也是一个脾气不好的人，不如单身一辈子，以免对他人造成伤害。

可能很多父母觉得孩子现在只上小学，距离长大成人还有很长一段时间，更不用说结婚生子了。但是，故事中小亮的问题却提醒了我们，在孩子年幼的时候，父母之间的冲突对他们的影响不是一时的，很有可能会因此改变他们的价值观，从而影响他们的一生。

很多父母可能会觉得夫妻之间的关系是两个人的事情，与孩子的成长无关。这种想法的前半句是对的，当夫妻双方产生矛盾时，一定要两人自行解决，不能卷入第三个人，尤其不要将孩子卷入其中；但如果父母认为夫妻关系与孩子的成长无关，那就大错特错了。

父母之间的关系对孩子成长的影响是十分广泛而深刻的。比如故事中的小亮，他的爱情观、婚姻观就受到了父母长期吵架的消极影响，导致他对自己的恋爱、婚姻没有信心。除此之外，夫妻争吵还会对孩子的身心发展产生不良的影响，因此父母一定要加以重视。

一天，小敏放学回到家，发现客厅沙发上的抱枕掉到了地上，地上还散落着一些水杯的碎片，显然这是父母刚刚吵架遗留的。站在客厅里的爸爸妈妈脸色都很难看。小敏弱弱地问："爸、妈，你们怎么了？"这句话刺激了妈妈，妈妈的话像连珠炮一样，在细数小敏爸爸的诸多问题的同时，也宣泄着自己的各种委屈。最后，她看着小敏说："闺女，你说吧，你帮谁？"这让小敏左右为难：妈妈照顾她的日常生活，无微不至，爸爸对她也是百般疼爱，周末还会带她出去玩、买她喜欢的蛋糕……看着爸爸妈妈注视自己的目光，小敏有些焦虑和害怕，最后不得已一个人跑回房间，关起门来躲避这一切。

矛盾和争吵是夫妻关系中的正常现象，双方不需要因此紧张和焦虑。但是，无论双方有什么样的冲突、多大的矛盾，都要关起房门解决，尽量避免影响孩子。

当夫妻双方发生冲突的时候，怎样解决才对彼此、对孩子更好呢？

第一，不要小看孩子的敏感性，也不要一味隐瞒

孩子对于父母关系的感知能力远远超出父母的想象。一旦夫妻双方发生冲突，孩子总会十分敏锐地发现或感知到，所以试图采用隐瞒孩子的方式来避免不良影响是不可能的。这就要求夫妻双方对待冲突的态度是积极的，双方要主动寻求解决的办法。

第二，夫妻间的问题只涉及双方，切忌牵扯孩子

夫妻双方的冲突归根结底是两个人的问题。在解决冲突的过程中，介入的人越少，冲突的解决就会越简单，对孩子的影响也越小，尤其不能将孩子牵扯进来。

第三，问题解决后要及时与孩子沟通

夫妻双方的冲突解决了，并不表示整个家庭的问题都解决了。因为孩子在家庭中的特殊地位，事后父母仍然需要关注孩子的情绪。如果有必要，父母完全可以坦然地和孩子共同探讨父母的冲突，告诉孩子爸爸妈妈吵架的原因以及解决问题的方式。当然，要注意孩子在这个过程中的感受、情绪的变化等。

3. 夫妻共识：期望中的孩子

小磊是一个六年级的男孩，他活泼好动，热爱足球，也是体育比赛里的"种子选手"，还是班里的调皮大王。

小磊爸爸一直认为对儿子的教育应该严格再严格，只有这样才能抑制孩子身上的躁动气息，才能培养出一名品行端正的男子汉。平时，他对小磊时常板着脸，偶尔检查小磊的功课时也只会训斥和指责小磊，父子并不十分亲近。小磊和妈妈的关系就截然不同了。妈妈对小磊十分疼爱，可以说达到溺爱的程度。妈妈每天照顾小磊的生活，对孩子几乎有求必应。妈妈觉得孩子开心最重要，其他事情都是小事。聪明的小磊十分清楚父母对自己的态度，遇到闯祸被老师批评等情况，他都只和妈妈说。因为这样他就可以平安地躲过"一劫"。

可是有一次，因为踢球时和其他班级的同学发生了冲突，小磊带着班里几个同学一起找对方"算账"，甚至大打出手。事后班主任向家长反映情况，电话打给了爸爸。小磊刚到家就被爸爸劈头盖脸地责骂了一顿，小磊的第一反应就是找妈妈帮忙。爸爸说："找谁也没用，犯了错误就要接受惩罚！"但是，妈妈冲过来抱住孩子，还对爸爸一顿数落："这么点小事至于生这么大气吗？孩子都知道错了，再说也没有伤到同学。"于是，这场父子间的对话演变成一场夫妻之间的争论。

小磊的爸爸妈妈都试图说服对方认同自己的观点，但是无论最后谁输谁赢，肯定都达不到教育孩子的目的。不仅如此，小磊还会觉得自己找到一个坚实的靠山、一个可以逃避批评的好办法，他可能会更加肆无忌惮地去做一些违反规则的事情。

夫妻双方教育孩子观念的一致性是保证孩子能够朝着预期方向发展的前提。如果像故事中小磊的爸爸妈妈一样，父亲喜欢严格管教孩子，母亲则溺爱孩子，两个人的教育理念存在很大的分歧，那么小磊就会很自然地选择对自己"有利"的一方。

夫妻双方作为两个独立的个体，在教育孩子问题上有不同的观念实属正常，但重要的一点是如何更好地处理彼此之间的分歧，达到思想上的统一。

第一，探讨孩子的教育方式并达成共识

夫妻双方在准备迎接一个新生命，担任人生中又一重要角色——父亲或母亲之时，就应该对孩子未来的教育问题有一定的探讨并达成共识。只有这样，夫妻才是做好了迎接孩子的准备。当孩子出生之后，伴随着他的成长，夫妻之间也应该经常交流孩子的教育问题。孩子进入高年级之后，其思想越来越趋向独立，因此会出现一些新的问题，夫妻双方应该针对这些问题进行定期的交流。

第二，教育分歧切忌在孩子面前表现出来

夫妻双方在孩子的教育问题上无论存在多大的分歧，都不应该在孩子面前表现出来，所有的交流、讨论甚至争执都应该关起门来进行。一方面，夫妻双方的交流无论是积极正向的探讨，还是带有情绪的争吵，在孩子眼中都是一种冲突的表达；另一方面，孩子能敏感地发现双方在教育自己的问题上的分歧，并且有可能利用这种分歧使自己免受责难。

第三，思想认同，行为一致

夫妻双方教育方法的一致性体现在思想上的统一。一旦达成某种共识，双方都应该坚定不移地朝着同一个目标努力。如果双方的"一致"只是单纯地为了敷衍孩子，那么不仅在执行上会有很大的困难，而且一旦真相被揭开，对孩子又是另一种打击。

第四，做好老人的思想工作

家庭教育中如果还有老人的参与，那么夫妻二人应该尽力将自己的教育观念传达给老人，避免教育观念和方式出现明显分歧的情况。

4. 孩子在变，教育方式也要变

小惟妈妈最近很头疼，她感觉自己教育孩子的方式突然不奏效了！从前，小惟是一个特别乖巧懂事的女孩，不仅学习上没有让父母费心，还在学校组织的各种活动中表现突出，多次担任学校大型活动的主持，在舞蹈比赛中也多次获奖。因此，小惟妈妈两次被学校老师邀请，向家长们分享自己的教育经验。

可是最近，小惟的成绩明显下降。她还迷上了跳街舞，不仅回家后花费大量时间自学，还总央求妈妈给她报培训班。母女俩时常因为各种小事起冲突……小惟妈妈感到不知所措，想想自己曾经分享的经验，再看看现在，自己依然是用相同的标准在要求自己、教育孩子，为什么女儿突然变样子了呢？

对孩子的关注并没有减少，始终如一地爱着孩子，对孩子的陪伴还是和以前一样多，为什么孩子突然就变了呢？为什么和孩子沟通越来越困难了？……可能很多父母有过类似的疑惑。一方面，孩子身上出现的一些负向变化，让父母觉得是自己的教育方式出现问题；另一方面，父母会对以前可行的教育理念为什么现在行不通了感到困惑。原因出在哪里呢？原因就出在了"和以前一样"的教育理念上。孩子在变，我们的教育方式也要变。

第一，及时转变教育观念

当孩子还是婴儿的时候，人们常常会说："小孩子真是一天一变，每天都不一样。"因为他们的身体在生长，生存技能也在不断增加。随着时间的流逝、年龄的增长，孩子身上那些肉眼可见的变化越来越少，这就让很多父母忽略了"孩子依然在时刻不停地变化和成长"的事实，而此时的变化更加内化——他们的个性特点在变化，思维方式在变化，眼界见识在变化，对父母的需求也在变化……孩子依然在不停的变化中成长，而父母却认为自己已经获得了教育孩子的黄金理念，守着旧的教育模式，这势必会与孩子的成长脱节，从而使亲子间产生各种各样的问题和矛盾。既然孩子在不断变化，父母的教育理念也应随之有所调整，只有与时俱进的教育才是最适合孩子的教育。

第二，善于反思总结

孩子成长的每一个阶段，孩子的教育问题对父母而言都是一个全新的课题。所以，父母要时刻保有学习的心态，不断尝试，及时调整。虽然有很多前人的经验可以供参考，但每个孩子都是独一无二的，每个家庭也都有各自的特点，这就需要父母在养育孩子的过程中找到最适合自己孩子的教育方式。

第三，时刻提醒自己：我爱我的孩子

虽然孩子在不断地成长，父母的教育方式也要不断地调整，但有一点是永远不会改变的，那就是父母对孩子毫无保留的爱。当孩子出现问题的时候，当父母感到焦虑不安的时候，当与孩子不能很好地交流沟通的时候，想一想自己对孩子的爱，用有爱的方式表达，用有爱的行动感染，用爱坚持，总会找到正确的方向。

第 2 章
给孩子提供多方面的帮助

1. 留住孩子的数学兴趣

楠楠是个乖巧懂事的女孩，留给老师们的印象从来都是文文静静、不吵不闹，学习成绩虽然算不上出类拔萃，但也比较优秀。身为数学课代表的她，数学成绩总是班级前几名。升入五年级之后，楠楠第一次感受到数学学习方面的压力，两次数学小测验的成绩都不理想。这让楠楠有了较深的挫败感，开始抵触学习数学，甚至有一种隐隐的恐惧，再也不像以前那样盼望数学课的到来。

数学老师发现了楠楠的反常，第一时间跟楠楠妈妈沟通。妈妈听说孩子的数学学习比较吃力，也十分担忧。吃完晚饭后，母女俩坐在一起聊天，妈妈刚提到这个话题，楠楠就开始掉眼泪，一句话也说不出来。这让妈妈很无措。

小学阶段的数学学习是孩子开始系统地认识数学概念、接受数学训练、培养数学思维的第一步。这个时期能否形成良好的数学学习习惯，掌握正确的学习方法，对今后的数学学习及其他学科的学习都有很大的影响。因此，很多父母十分重视孩子的数学学习。对于小学阶段的数学学习，我们除了要认识到它的重要性，还要明确它的主要培养目标，从而更好地培养孩子的数学学习能力。

第一，培养学习兴趣

小学阶段的数学学习，最重要的任务是培养孩子对数学的兴趣。不同于中学数学（注重逻辑思维和推理能力），它更多的是让孩子喜欢数学，感受数学的魅力。小学数学的学习内容侧重于数学在生活中的运用，更贴近孩子的生活实际。认识到这样的学习目标，父母才能清楚地了解在这个阶段自己应该如何引导和帮助孩子学习数学，培养数学学习兴趣。

在生活中，父母可以借助实际经验启发孩子，给他们寻找、创造学习和锻炼的机会，例如与孩子做一些趣味数学小游戏。

第二，维持学习兴趣

对于不同年级的孩子，帮助他们保持数学学习兴趣的方法各不相同。孩子进入小学高年级，由于学业压力增大，数学学科的学习难度也进一步提升，这时往往会出现两方面问题：一是为了应对学业压力，部分孩子会陷入题海中，重复的练习和计算势必会导致他们失去对数学学习的兴趣。面对这种情况，父母应该及时了解孩子的学习状态，根据具体情况为孩子制订学习计划。二是学习难度的增加会让一部分孩子感到学习吃力，从而丧失对数学学习的信心和兴趣。面对这种情况，父母要多鼓励孩子，帮助他们正确认识和面对挑战，体验攻克一道道难题之后的成就感，从而保持学习的兴趣。

2. 读书与分享

学校要求每名同学利用暑假时间选择一个自己感兴趣的主题，完成一个小课题研究并撰写调查报告，开学后借助 PPT 或视频演示进行现场汇报展示，大家评选出最优作品。

在这次汇报展示活动中，安安同学的作品受到了老师们的高度评价。他研究的主题是"我家的书"。他在汇报中说，他家有一对爱读书的父母，从他小时候就带着他一起读书。他向大家展示了家里不同的书柜、丰富的藏书，并介绍了书柜的具体作用和一些系列丛书的来历。同时，他还选了几本自己喜欢的书做了解读。无论是内容的介绍，还是语言的表达，安安的表现都可圈可点。老师们听完他的汇报后，既惊喜又觉得理所应当。惊喜的是，一个五年级的孩子已经有了如此惊人的藏书量和阅读量；觉得理所应当，是因为孩子展现出来的文学功底并不是偶然习得，在这样一个读书氛围浓厚的家庭环境里，孩子必然受到很好的熏陶。

读书是学习的基础，不仅在小学阶段如此，人生的各个阶段也是如此。我们应当养成阅读的良好习惯。

如何让自己的孩子爱上阅读、喜欢读书呢？

第一，树立爱读书的榜样

众所周知，父母的言传身教对孩子的影响是十分巨大的。故事中的安安，他有一对热爱读书的父母，从小他就耳濡目染，在成长的过程中很自然地养成了热爱读书的习惯。与其不停地在孩子的耳边念叨"读书好，要多读书"，不如让孩子看到一个鲜活真实的例子——读书确实给父母带来怎样的好处——更直接，更有效果。

第二，创造读书氛围

故事中安安的父母希望培养出一个爱读书的孩子，于是在家庭环境的硬装饰和软氛围上都努力创设条件，比如从客厅、卧室到书房，每个空间都设有书柜，书柜上有适合他们和孩子阅读的不同种类的书。每一处目光所及的地方都提醒着房间里的小主人多阅读。

除了创造读书的环境，父母还可以制订有趣的读书计划，购买系列丛书作为生日礼物，让孩子在快乐和陪伴中享受读书时光。

第三，选择合适的好书

既要爱读书，也要读好书。引导孩子学会筛选适合自己的好书十分重要。选择好书有三大原则：第一，符合孩子的年龄；第二，尊重孩子的兴趣；第三，确保图书的品质。为了帮孩子选好书，父母可以陪孩子去图书馆借阅图书，或到书店选购图书。同时，父母可以抓住这个时机，告诉孩子好书的标准，并指导他们选择适合自己的图书。

第四，引导孩子学会读书

最后也是最重要的一点，就是引导孩子学会读书，让好书真正为孩子所用。读书分享是一种非常好的阅读方式。父母可以和孩子约定在某个固定时间进行亲子阅读和分享，各自把最近读书的收获讲出来，大家一起分享。这个过程，既可以锻炼孩子的提炼概括能力、语言表达能力，又可以帮助孩子加深对所读内容的思考，提高对知识的吸收与运用能力，增强阅读效果。

3. 如何让孩子爱上学习

数学家陈省身当年给中国科技大学少年班题词："不要考100分。"陈省身认为，考七八十分就可以了，如果将时间和精力过多地花在考试成绩上，会影响孩子将来的发展和创新能力。

曾任中国科技大学校长的化学家朱清时对陈省身的观点极表赞同。他用自身的经历解释了陈省身的观点。他说，他小时候家乡种地都不施化肥，单产四五百斤，后来实施科学种田用上化肥，单产提高到五六百斤。但是，数年之后产量就止步不前了，一些地块还因为施肥过度造成土壤板结，不能再种水稻了。朱清时由此得出一个结论：施肥要有度，学习也要有度。过度用功与过度施肥后果一样。①

进入小学高年级，孩子面对越来越大的"小升初"压力，孩子的学习成绩成为家长眼中的第一要务，考试也就成为热门话题。考试成绩固然重要，但如果过分关注考试和成绩，让亲子关系和家庭氛围受到影响，不仅会给孩子的学习带来副作用，还很有可能耗尽孩子对学习的最后一点兴趣。如果孩子在小学阶段就失去了学习兴趣，那么他要如何度过未来的学习生涯呢？因此，孩子进入高年级后，父母要调整好心态，恰当地引导孩子，帮助他保持学习兴趣，让他做一个爱学习、会学习的人。

第一，端正态度，正视考试成绩

作为父母，首先必须端正态度，对考试成绩有一个客观的认识。如果父母总是盯着孩子的分数，为了获得高分而让他们过分刷题，那么在孩子心里，学习就直接和考试画上等号，他会觉得学习是枯燥的，是为了应付考试，也就看不到学习的深层意义，进而丧失对学习的兴趣。父母应该引导孩子认识到，考试只是促进学习的一种手段，学校的阶段性考试是为了检验学生一段时间内的学习情况。无论孩子的考试成绩是否理想，父母都应该第一时间发现并肯定孩子的进步之处，帮助他树立学习的信心，之后再分析学习中存在的问题，查漏补缺，促使孩子不断完善自己。

第二，让学习成为孩子自己的事

父母要帮助孩子明确学习的目的，激发他们学习的自觉性。只有让孩子把学习当成自己的事情，才能真正激发他的学习动力，获得良好的学习效果。

---

① 朱永新.这样爱你刚刚好，我的五年级孩子 [M].长沙：湖南教育出版社，2017：87.

随着高年级学习难度的加大，孩子的学习动力会相应有所减弱。这个时候，父母应该帮孩子减轻压力，增强学习动力。比如和孩子一起探讨他的理想，确定学习的目标，再把目标分解为更具体、易操作的日常学习小目标，方便实施。另外，目标一定要合理，保证孩子通过一定的努力可以达到。让孩子在实现小目标的过程中不断获得成功体验，是帮助孩子树立信心、保持学习兴趣、增强学习动力的关键。

第三，给孩子适当的自主学习空间

父母对孩子学习的关注度要适中。高年级孩子的独立意识开始有了明显的增强，过分帮助孩子规划学习反而会让其反感。因此，父母在学习上也要给孩子一定的空间，让他化被动学习为主动学习。不难发现，很多成绩优秀、自理能力较强的孩子的家长都给孩子提供较大的独立空间，让孩子自己处理自己的事情，父母看似不怎么"关心"孩子学习，孩子的成绩反而很优秀。如果父母希望孩子能够主动学习，那么就要给孩子足够的自主权，比如在完成老师布置的作业之后，让孩子自己安排学习时间，如看喜欢的书、做想做的练习题等。当然，"放手"不等于"放任不管"，父母应该了解孩子的选择倾向，并适当给孩子提供一些建议。

4. 父母要学会给孩子减压

进入高年级以后，孩子会面临各种各样的问题，无论是学业上的问题，还是同伴交往的困惑，甚至未知的中学生活，都会给孩子带来压力，有的孩子会因此产生焦虑情绪。此时，孩子希望在家庭中得到慰藉。

父母如果发现孩子近期压力较大，就要为孩子减压，让家庭真正成为孩子的港湾和基地。父母可以从以下几点帮助孩子。

首先，父母不能焦虑

面对孩子出现的问题，父母要先摆正自己的心态，努力做到冷静、平和，这样才能进一步帮助孩子。尤其是六年级孩子的父母，更不能轻信未经证实的"小升初"消息，以免徒增焦虑。

其次，父母要关注细节

父母如果发现孩子最近有萎靡不振，对什么事都提不起兴趣，过于在意外表或忽视外表，饮食口味发生较大改变，嗜睡或睡眠时间减少，爱哭、易怒，成绩波动较大等现象，说明孩子压力较大，这些现象都是孩子向父母发出的信号，父母要引起重视，引导孩子说出心事，这也是帮孩子释放压力的过程。

最后，父母要指导孩子科学安排时间

孩子的生活除了学习，一定要留有家务劳动、社会活动和体育锻炼的时间。父母要特别注意，不能让课外培训班占据孩子的所有课余时间。适度的运动和家务劳动，能帮助孩子有效释放压力。

第3章
做孩子的朋友和导师

1. 怎么说孩子才会听

莉莉的父母都是老师，一个是大学教授，一个是中学语文教师，两个人从小到大都是别人眼中的优秀孩子，良好的知识素养和亲切温和的性格也让他们在各自单位获得了良好的人际关系。可是这样一对父母，在对自己家里五年级的女儿的教育上却屡屡受挫。莉莉妈妈觉得孩子最近越来越不喜欢跟父母说话了，总是把自己关在卧室里，这让夫妻二人很无奈。其实，他们经常主动寻找话题和女儿交流，尤其是在晚饭时。

一天，一家三口围在一起吃饭。爸爸说："莉莉，上次单元考试的成绩出来了吗？你的数学这次有进步吗？"

莉莉一听见这话，脸上的表情就变了，小声地说："出来了，还是那样。"

妈妈接着又问："具体考多少分呢？"

"85。"

爸爸再问："班上其他同学都考多少分呢？最高分和最低分是多少？"

莉莉默默地放下了手里的碗筷，说："不知道，我吃饱了，回屋了。"然后一溜烟跑回房间关上了门。

爸爸、妈妈对视了一下，妈妈一边在想孩子这次的成绩看来还是不理想，一边又开始念叨："女儿现在怎么越来越不喜欢跟我们说话了呢？"

亲子沟通是家庭教育的一个重要方面。良好的亲子沟通可以为孩子创造好的家庭氛围，促进其社会技能、适应能力的发展。亲子沟通状况会影响孩子的同伴关系、心理健康和行为举止。研究发现，流动儿童的心理健康水平要低于普通儿童，而造成这种情况的一个重要原因就是流动儿童的父母与孩子沟通的频率低、时间短、主动性差，造成亲子沟通不畅。因此，父母应该重视和孩子的良好沟通。

现在越来越多的父母已经认识到沟通的重要性，也在努力尝试和孩子进行沟通，但效果常常不尽如人意。尤其是随着孩子年龄逐渐增长，这种沟通变得越来越困难。这是因为随着孩子年龄的增长，他们的思想不断成熟，对父母的需求也在不断变化。因此，父母要及时调整与孩子的沟通方式，以更加平等和尊重的表达方式走进他们的内心。

当父母尝试与孩子沟通时，应该注意以下三点。

第一，主动发起聊天

父母要主动寻找或者创造机会和孩子交流，不能坐等孩子主动和自己说话。很多父母有过这样的经历：孩子小的时候就像一个"小话痨"，总是围在爸爸妈妈身边，不停地讲各种他们认为有趣的故事。高年级的孩子大多已经不会这么做了，更多时候需要父母主动与孩子交流，成为谈话的发起者，营造一个良好的亲子沟通环境。

此外，孩子的周围经常会发生一些事情，父母可以抓住典型事件，及时与孩子交流，其效果要比单纯的说教好，孩子也比较容易接受。

第二，选择合适的话题

父母和孩子交流时，要选择合适的话题。总的来说，父母发起的话题越有趣，越能让孩子感到愉快，越容易让孩子参与交流。具体来说，父母要选择孩子感兴趣的内容同他们展开交流，因此，父母不仅要了解孩子的兴趣，还要用心去接触和学习孩子感兴趣的内容。否则，即便找到了合适的话题，也很难吸引孩子进行交流。同时，父母和孩子交流的话题不能总是围绕学习，适当地将学习话题穿插在其他话题中，反而会有更好的效果。

第三，语言表达要尊重孩子

父母在和孩子交流时要注意语言表达的方式。首先，父母应该放低姿态，把孩子放在和自己平等的地位，同时适当站在孩子的立场上替孩子考虑，让他们感受到来自父母的尊重，及时消除孩子的抵触心理。其次，要根据孩子的性格特点，选择合适的谈话方式。交流时可以参考以下几点：一是讲述客观事实，而不是直接下结论或作评价。二是在与孩子对话时，时刻关注孩子的感受，并及时做出反应。这样孩子会觉得"父母是懂我的，我是被关注、被理解的"，这样孩子才愿意继续交流。三是讲话时多用第一人称"我"开头。同一句话用第一人称和第二人称讲出来，效果是不一样的，例如"你怎么又在玩游戏"和"我看到你在玩游戏，心里有点着急，怕你太沉迷其中而耽误学习"，孩子更愿意听到哪句话呢？

此外，在和孩子沟通交流时，在达到目的后，父母要懂得适可而止。谈话可以经常进行，但不必时间过长，有效果即可。

🎗 Tips 小贴士

孩子最不愿意听到父母说的话

● 让孩子对父母的爱产生怀疑的话："你快点走开，看到你我就觉得烦！""算了，你没救了。"

● 不听解释直接责备孩子的话："我就知道会这样！""这种题都不会做，你在学校都学什么了？"

● 将孩子同其他孩子相比较的话："看看人家××，你怎么就不如人家呢？""你看看×××，学习好又懂事，你怎么就这么没出息呢！""你要是有××一半的好，我就谢天谢地了！"

● 威胁的话："你再这样，我就不管你了！""快点写作业，不然等会儿你爸回来看见你在看电视又要发火了，我可不阻拦。"

● 找借口的话："我们这都是为了你好！""等你长大了，自然就明白我们这么做的苦心了！"

● 拒绝商量的话："不准你这样！""没有原因，我说不行就不行！""别再跟我讨价还价！"

● 反着说的话："你爱怎么着就怎么着吧，谁管得了你啊！""那你继续玩儿吧！我也不理你了。"

2. 怎么听孩子才会说

"妈，我跟你说，今天我们班和（3）班的篮球比赛太激烈了！本来上半场一直都是我们班领先，结果中间他们一个同学犯规，王帅被推倒，崴脚了——王帅是我们班篮球打得最好的。他下场后，我们同学都特别气愤，我同桌当时就跟（3）班犯规的那个男生吵了起来，说他是故意的，后来差点动起手来……"

"一场篮球比赛还动手打架，你同桌可够冲动的，你可不能这样。"

"当时那个场面就是让人很生气。"

"再生气也不能动手打人啊！而且吵架也不对。你们现在这些男生张口闭口就爱说脏话。"

"谁说脏话了！我先去洗澡了……"

这是一个男孩放学回家后和妈妈的对话。开始的时候，他还兴高采烈地向妈妈讲述学校里的篮球赛，可是几句话后，他就被妈妈的反应打击得再也没有说下去的兴致了。很多时候并不是孩子不想跟父母交流，而是当他们抱着满满的期待跟父母说话时，却得不到想要的回应。渐渐地，他们觉得父母不懂自己，还是老师和同学理解自己。久而久之，他们就形成在家里沉默寡言、在外面开朗健谈的"双面"形象。

其实对父母而言，要维持良好的亲子沟通，学会倾听尤为重要。做一个愿意倾听和会倾听的父母，更有助于和孩子维持良好的亲子关系，甚至和孩子成为无话不谈的好朋友。

第一，转变观念，接受孩子的想法

随着孩子的成长，他们有了越来越多自己的想法，父母首先要做的就是转变观念，接受这些想法。父母应该认识到，孩子已经是一个有着独立意识的人，要接受孩子有自己想法的事实，这样才能真正打开了解孩子的大门，走进孩子的内心。

第二，用心倾听

当孩子愿意和父母交流的时候，父母一定要耐心倾听，注意孩子的所有表现，包括讲话时的表情、语调、动作、姿势等，运用全部感官捕捉孩子传达的信息。由于表达能力有限，孩子可能无法准确表达内心想法，这时候就需要父母在耐心倾听的同时，结合自己的经验揣度孩子的意思。倾听时，对于孩子讲得有道理的地方，要通过语言、目光或体态表示肯定；对于孩子的错误观点，不要急于纠正，更不要在孩子只说了一半，认为自己已经猜出了孩子后面要说的话，就着急打断孩子的讲话。一方面，父母的个人经验并不是完美无缺的，而且因时代不同，有些经验可能会误导孩子；另一方面，父母总是打断孩子的话，会让他们认为爸爸妈妈并没有认真听他们说话，慢慢地，他们就没有跟父母说话的欲望了。

第三，将话题拓展到学习以外的更多方面

作为父母，应该尝试和孩子探讨他们生活中的各种话题。亲子交流的内容除了学习，还应该包括孩子的兴趣爱好、朋友师长，甚至他们对爱情、金钱的态度和想法，等等。只有从多个角度和孩子进行交流，倾听他们的声音，父母才能真正了解自己的孩子，从而有针对性地对孩子进行引导和教育。如果双方的话题仅仅局限在学习这一个方面，那么孩子与父母交流的欲望会越来越弱。即便学习成绩十分优秀的孩子，也希望能和父母探讨学习之外的话题，希望父母关注自己学习之外的成长。

父母应学会换位思考："如果我是孩子，我想说什么？想听什么？"父母多从孩子的角度去想，亲子沟通会更加顺畅，关系也会更加融洽。孩子愿意听、愿意聊，就表明他已经在心里接受了父母的一些思想和观点。

第四，读懂孩子内心的声音

高年级孩子的自我意识增强，他们会用自认为对的形式来表达自己的想法，同时不希望被别人否定。很多时候，孩子说出的话并不是他们内心最想要表达的内容。因为碍于长幼关系，他们不敢直白地表达内心的某些想法，只能绕着弯儿去说。这个时候，父母就要用心去揣度，读懂孩子的小心思和话语背后的"潜台词"，并引导他们大胆表达。

如果发现孩子不敢表达自己的真实想法，经常说谎，那么父母首先应该反省自己：是平时对孩子要求太过严厉，还是对孩子的关心和理解太少，把孩子越推越远？

听的五个层次[1]

第一个层次是"听而不闻"，耳边有声音传过，但是内容是什么并没有听到；

第二个层次是"敷衍地听"，似乎在听，嘴里也"嗯""啊"地附和着，心思却没在这儿；

第三个层次是"选择性地听"，只听到自己想听的；

第四个层次是"专注地听"，对方说的每句话都听进去了，但是却没听懂对方想要表达的意思；

第五个层次是"设身处地地听"，耳朵在这儿，心在这儿，情感也在这儿。

3. 尊重孩子的小秘密

小敏进入五年级后，妈妈发现孩子身上一个很大的变化：她对自己的个人空间有很强的保护意识，有了很多不愿意跟爸爸妈妈分享的小秘密。平时，小敏只要进入自己的房间就会把房门关起来，她还在门上贴了一张"进屋先敲门"的小纸条。开始的时候，妈妈觉得这只是她一时兴起，孩子能有什么秘密，而且自己从前也没有进屋敲门的习惯。这天晚上，小敏正在屋里写作业，妈妈照常端着水果直接推门进来，还想顺便检查一下作业。小敏站起来就冲着妈妈喊："妈妈，你没看到我门上贴的字吗？敲门是对人起码的尊重和礼貌！"为此，小敏一晚上都在跟妈妈生气。这样的情况后来又出现了好几次。小敏的这个转变让妈妈忍不住开始怀疑：孩子是早恋了，还是有其他不

---

[1] 朱永新. 这样爱你刚刚好，我的五年级孩子 [M]. 长沙：湖南教育出版社，2017：49.

合规矩的行为，才会如此防备？回想起自己偶尔进屋时小敏快速收起的笔记本、关掉的手机页面，妈妈的这种疑虑越来越重。于是某个周末，小敏妈妈趁孩子出门，走进了小敏的房间，翻开了她的抽屉，发现了一本有密码锁的笔记本。她又不死心地在书柜和床头找来找去，试图发现点什么证明自己的判断，但最终一无所获。晚上小敏回到家，发现妈妈私自翻动自己的物品，结果又是一场激烈的母女"战争"……

随着年龄的增长、心智的不断成熟，高年级孩子对个人空间的需求越来越强烈，不愿意跟父母分享的秘密也越来越多。这是孩子成长过程中普遍存在的现象，也是他们追求独立平等、体验成人感的表现。尤其是孩子真正进入青春期之后，这种表现会格外明显。父母一旦侵犯了孩子的"秘密领地"，必定会引发激烈的冲突，久而久之还会破坏亲子关系。对于父母而言，划定明确的亲子界限才能更好地维持和谐的亲子关系。

第一，接受孩子开始拥有小秘密的事实

父母应该尊重孩子的独立人格，让他在自己的小天地中处理自己的事情，不要经常闯入孩子的"领地"，查看孩子的隐私。很多时候，事情会在猜疑中变得越来越复杂，甚至可能孩子原本并没有想做什么，而父母无端的猜疑反而刺激了他们，使他们做出一些出格的行为。所以父母一定要控制好自己的情绪，接受孩子开始拥有小秘密的事实。很多父母的一个通病就是习惯性地把孩子的行为向不好的方向想，这是一种过度担忧的表现。父母应该对自己的孩子有信心，成长到高年级，他远比父母想象的要成熟、坚强、有判断力。

第二，管住自己的好奇心

高年级的孩子更加看重自己在家庭中的地位，追求平等和尊重。也正因为如此，一旦认为自己没有获得期望中的尊重，他们就会产生强烈的情绪反应。也许有些父母会说："我是他的爸爸/妈妈，有什么事情是我不能知道的？"这种想法在一定程度上忽视了孩子在家庭中的地位，并没有把他们和

自己放到平等的位置上。给予孩子应有的尊重，一方面是顺应孩子成长的需要，能促进他们心智成熟；另一方面，孩子在被尊重的同时才能懂得尊重他人。父母的良好行为示范也会在无形中影响孩子，帮助其塑造良好的人格品质。故事中，小敏妈妈的做法是不可取的，不仅会影响父母和孩子之间的关系，也会给孩子带来负面情绪，不利于孩子良好行为习惯的养成。

第三，为孩子的自由空间设定底线

在高年级这个阶段，孩子的价值观尚未完全形成，是非判断能力也并不十分健全，因此父母的引导和约束是十分必要的。虽然要给孩子更多独立的空间，允许他有自己的小秘密，但这些都应该建立在一定的前提下，即不能超过某个界限。一旦发现孩子的行为突破了这个前提、越过了界限，父母就必须对他进行纠正和管教。为了更好地照顾孩子的情绪，也为了充分体现父母对孩子的尊重，这个界限的设定可以由父母和孩子共同协商完成，并告知孩子：一旦他的行为超越了这个界限，他就必须接受父母的干预和约束。

4. 保持亲密而独立的亲子关系

心理咨询室里来了一位母亲，她的儿子正在上六年级。这位母亲穿着打扮得体大方，言谈举止也透露出良好的教养。经过简单了解，这确实是一位高学历的新时代女性，拥有美满的婚姻、幸福的家庭，但是这位母亲的脸上却一直笼罩着一层愁容。

她到底遇到了怎样的难题呢？原来是她的儿子让她体会到了深深的挫败感。她事业成功、婚姻美满，最大的愿望是把儿子培养成才。她对孩子的教养一直都很顺利，但自从儿子上六年级之后，她明显感觉到与孩子的关系疏远了：儿子再也不像小时候那么黏人了，有了自己的小心思；不愿意和妈妈讲心里话；每次回家之后都把自己关在房间里，除了一日三餐，其他时间基本上都是待在自己的房间里……她认为自己一直给予孩子充分的尊重和自由，也希望这种方式能让母子之间的关系一直保持融洽，但是，现在……

很多高年级孩子的母亲会有和故事中这位母亲一样的苦恼，她们觉得自己在教育孩子的问题上足够开明，可为什么和孩子的关系依然没有达到期望的状态呢？前面提到过，孩子进入高年级以后，父母需要给孩子更多自主的空间，划清亲子的界限，懂得尊重孩子的秘密；同时对孩子又不能过度放任自流，需要在某些时刻对孩子进行干预和指导。既然给了孩子足够的空间和自由，那么父母怎样了解孩子当前的生活、学习状态？怎样保证可以在孩子需要帮助的时候及时出现呢？这就需要在给予孩子自主空间的同时，依然保持亲子之间的亲密关系，做到相互理解和支持。

第一，将孩子与自己放在同样的地位

高年级的孩子敏感又聪明，他们能在父母的一言一行中感受到是否被尊重，也会给予父母相应的行为反应。父母知道应该给予孩子尊重和平等，但是否真正落实到日常行为中了？比如，在家庭的重要决定中，父母是否参考了孩子的意见？对孩子未来的规划，有没有听取他们的意见？节假日的出行计划，父母是否放手让孩子去制订？只要孩子感受到自己被尊重，他们就会愿意去表达，像大人一样发表自己的看法、表达自己的情绪。

第二，勇敢地尝试表达自己的爱

要保持良好亲密的亲子关系，少不了爱的支撑。没有彼此之间的爱作为纽带，那么亲子关系就只剩义务和责任了。所以，父母经常对孩子表达爱，是维持亲子关系的一个好方法。很多父母更习惯用行动去表达爱，用物质满足孩子。可是，爱更是精神层面的东西，也需要用语言来传达。父母一般都是十分爱孩子的，但有多少父母会把这份爱直接表达出来？也许很多父母会觉得难以开口，但只要能勇敢地尝试，必定会在孩子的内心引起触动，日积

月累亲子关系也一定会越来越亲密。

第三，加强母女之间、父子之间的交流

要想更好地了解孩子的内心世界，就需要同性家长与孩子进行更多的交流，如母女、父子之间的交流。男性和女性的交流方式各有不同，父母可以根据各自的喜好选择合适的方式，定期和孩子进行一次两个人之间的互动，比如母女一起逛街、看电影，父子二人一起爬山、骑行等。两个人的亲密活动，可以是日常的闲聊，也可以是有主题的、针对某个话题的交流，重要的是倾听彼此的心声。需要注意的是，任何平等的交流都应该是你来我往的。父母既不能一直单方面追问孩子，也不能完全向孩子灌输自己的观点。

5. 坦然面对性教育

一天晚上，浩然妈妈在家里整理一份工作文件时，突然遭遇笔记本电脑死机的情况。由于手头上还有一份文件要尽快发给同事，不得已她只好走进儿子的房间，打开儿子专用的台式电脑。这是浩然妈妈第一次使用这台电脑。平时她十分注意尊重孩子的隐私，给了浩然非常大的独立空间，因此浩然没有设置开机密码。快速处理好文件后，浩然妈妈点开浏览器准备登录邮箱发邮件，结果浏览器的历史记录直接跳到了上次关机前的页面，那是一个没有设置青少年模式的视频网站，播放着一些"少儿不宜"的视频。之后，她想找儿子聊一聊，却迟迟没有找到合适的时机，或者说她自己还没有做好心理准备去和孩子探讨"性"这个敏感的话题。

目前，世界卫生组织把青春期的年龄范围规定为10—20岁，我国一般将青春期的年龄范围定为11—18岁。由此可见，高年级的孩子已经处于青春期初期。基于这样的事实，浩然身上出现这样的行为是十分正常的。对于父母

而言，当发现孩子有这样的情况时，完全不需要过分惊慌。父母只要对孩子进行恰当的性教育，引导他们正确地看待两性问题，就能帮他们顺利地度过青春期的这个特殊阶段。

第一，小学阶段是性教育的最佳时期

高年级的孩子正处于性特征刚刚开始显现的阶段，此时的他们对性充满了好奇，同时也有各种疑惑，甚至会有不切实际的猜测。此时，当孩子提出有关性方面的疑问或出现对性的困惑时，父母不应回避，应抓住时机，用孩子能理解和接受的言语、方式对孩子进行性教育。这样，不仅可以很好地满足他们的好奇心和求知欲望，还能让孩子对"性"的概念有一个正确的认识。满足孩子的好奇心，才能避免他们因为想要尝试未知事物而做出一些不恰当的行为。对孩子进行科学的性教育，可避免他们因为自己的胡乱猜测而形成错误的性观念，影响他们未来的生活和行为。同时，对孩子进行性教育，也是保护他们免受性侵犯的一个重要措施。

第二，调整心态，坦然面对性教育的话题

对待性教育的话题，父母要及时调整心态，坦然面对，要尝试着把它看作和孩子讨论阅读、画画或者写字一样的事物。因为只有父母内心坦然，孩子才能真正感受到这是一件极其普通的事情。父母如果口中说"这是很正常的事情"，而言谈举止却经常流露出抗拒、抵触和尴尬，反而会增加孩子的好奇心和关注度。

第三，性教育的具体操作方法

一是父母和孩子一起选择一些相关图书和报刊等资料阅读，或者上网浏览一些比较正规的性教育网站，还可以借助自然现象、寓言故事，采用比喻的手法把性教育内容穿插其中。这样做，一方面可以向孩子普及科学知识；另一方面借助媒介，也可以缓解父母讲述时的尴尬，取得更好的教育效果。

二是为了避免孩子在使用网络的过程中因不能准确地分辨和筛选信息，接触到不正确的性知识，父母可以在电脑、手机上安装相关过滤软件。

三是父母可以有意识地指导孩子观看一些有关性教育的科普影像制品，如录像光盘、科普电影等，使孩子从中接受知识，受到教育。

四是父母可以跟孩子就有关问题进行直接的探讨，告诉他们了解性知识的必要性；同时，父母应提醒孩子学习知识的方式，告诉他们必须选择正规的渠道来了解信息。父母要帮助孩子学会保护自己，对自己负责。

第4章
孩子教育的几点特殊提示

1. 放手也是一种爱

　　天宇是一个五年级的男孩。天宇妈妈是一位全职妈妈，自从有了孩子就辞掉了自己的工作，专心在家照顾儿子，这一照顾就是十年。

　　最近，天宇总是不想回家，经常会在放学后找各种理由留在学校，或者与同学在外面逗留到很晚才回家，周末更是想尽办法出门。当被问及"家为什么成了让他不喜欢的地方"时，天宇说："因为妈妈。只要我一进家门，妈妈几乎一分钟都不离开我，盯着我写作业，盯着我吃饭。就连我看电视或打游戏也要盯着，一会儿说时间太久了对眼睛不好，一会儿说这个节目没有营养。我感觉自己就像一个犯人，一点自由都没有，家里太压抑了……"虽然天宇没有直接跟妈妈表示不想回家，但是他总找各种理由出门。久而久之，天宇妈妈也有所察觉。每次天宇说因为某些事情要晚些回家，或者周末要出去的时候，妈妈都觉得很失落，有点心慌又不知所措。

　　故事中的天宇妈妈把全部精力都投入到儿子身上，确实是一位十分称职的妈妈。但是，随着孩子的长大，他想要独立，想要挣脱束缚，渴望自主的愿望也越来越强烈。这种需求的变化让他开始不满于时刻被父母关注的现状，可父母，尤其是母亲却已经习惯这样的相处模式，这就造成亲子之间的矛盾。其实，孩子到 11 岁左右，父母大多会遇到这样的问题：孩子想要脱离父母的怀抱，想要冲出家庭的束缚，可父母却习惯于原来的亲子关系和相处模式。因此，父母的教养方式要随时改变才能跟得上孩子成长的节奏，父母和孩子才能保持良好的亲子关系。

第一，调整心态，正视事实

父母首先必须明白，孩子总是要长大的，不可能一辈子躲在父母的羽翼之下，也不可能永远陪在父母身边，他们终究需要独立，需要适应外面的世界。高年级的孩子对许多事情有了自己的思考和看法。当他们尝试着独立面对和解决一些问题时，父母应该适当放手，让他们自己去面对困难、解决问题；当孩子寻求自我发展时，父母不应该急于阻止；当孩子探索时，父母不应该打断；当孩子做决定时，父母应给孩子选择的机会。这样的"放手"也是表达爱的方式，这种形式的爱是一种更深沉、更高级的爱，也是这个年龄段的孩子最需要的爱。也许在这种"放手"的过程中，孩子会摔倒，会碰壁，会伤心，但有的时候遭遇挫折是孩子必须要面对的，这是孩子成长的开始。当然，放手不是放任不管。父母应教育孩子学会适应新环境，学会独立，学会坚强。

第二，对孩子有足够的信心

父母大胆放手的同时，也要对孩子充满信心。有的父母可能一边觉得应该让孩子自己去锻炼，一边又在默默地担心、焦虑，怕孩子做不好，会受挫，会受打击，这其实是对孩子没有信心的表现。不自信既让父母时刻处于紧张焦虑中，又会在无形中把这种紧张焦虑传染给孩子，影响孩子的心情。实际上，每个孩子都是一座宝藏，充满无限的潜力。他们需要的是把这份内在的力量挖掘出来，而挖掘孩子潜力最有效的方式就是父母充分的信任和支持。

如果父母对孩子有信心，那么孩子就会充满自信，能更好地发挥自身能力。即便最终的结果不尽如人意，但在这个过程中，孩子一定会收获满满的正能量。

第三，尽早铺垫，培养孩子独立自主的能力

"放手"不是一句简单的口号，也不能一蹴而就。"放手"同样需要一个渐进的过程，需要父母在平时创造机会培养孩子独立自主的能力。虽然高年级的孩子在主观上希望独立，希望自己做主，但实际上这种独立更多停留在想法上，孩子的能力并不足以帮助他们实现完全独立自主的愿望。所以，平时父母还是需要帮助他们弥补能力上的不足。比如定期邀请孩子参与家庭会议，让他们对家庭的某些问题或者即将做出的决定发表自己的看法，甚至提供解决问题的方案；再如请孩子制订一次家庭外出活动计划，包括选择地点、确定路线、选择来回的交通工具和住宿等；又如在某次旅游活动中，请孩子作为"财务人员"管理各项开销，提前预估所需费用，合理分配钱财，记录开销……让孩子尝试处理日常生活中的这些琐事，而父母只是从旁协助，这样孩子不仅会保有很高的热情、认真的态度，还能从中增长见识、锻炼能力，为将来独自处理学习、生活中可能出现的各种问题奠定基础。

第四，培养个人兴趣，创造新的人生价值感

父母在对孩子逐渐放手的过程中，会感觉自己对孩子的影响越来越小，自我价值感越来越低。因此在放手的同时，父母也要及时调整、改变生活习惯，合理安排好自己的工作和生活，由围着孩子转回归到自己的生活节奏里，将精力投入到工作与兴趣中。例如，把更多精力投入到自己热爱的事业中，在工作中寻找新的价值和人生意义；在空闲时间多联系朋友，找回曾经的与同龄人的亲密友谊；培养自己的兴趣爱好，让单调的生活变得丰富起来；列一张儿时的愿望清单，弥补儿时留下的遗憾，在圆梦的同时充实自我……总之，随着孩子渐渐长大，父母要适当调整自己的生活重心和节奏，让自己

慢慢地适应一种新的生活方式，缓解因为孩子不再依赖自己而产生的空虚和焦虑。

2. 叛逆也许是一件好事

铃铛妈妈最近很头疼，因为她觉得自己的女儿好像"中邪"了，一点也不像自己熟悉的那个内敛文静的小姑娘了，经常会发脾气，甚至做出一些令人吃惊的行为。中秋节前一天，爸爸妈妈出门买东西，留铃铛在家里照顾弟弟。按照以往的惯例，一大一小会各自做各自的事，安安静静地等爸爸妈妈回来。可是这一次爸爸妈妈进门的时候，却发现弟弟在哇哇大哭，而铃铛并没有在一旁安慰弟弟，而是很生气地看着他。一问才知道，原来是因为弟弟不小心摔坏了姐姐的东西。铃铛非常生气，大声训斥了弟弟，从没看到过姐姐发火的弟弟一下子就吓哭了。还有一次晚饭的时候，妈妈和铃铛边吃边聊天，结果不知道哪句话刺激了铃铛，她一下子就生气了，放下碗筷就要出门，说心情不好出去溜达溜达。当时天已经黑了，奶奶不放心一个小姑娘独自出门，于是上前想要拦住她，结果铃铛一个用力甩胳膊的动作就把奶奶推倒在地上。这让奶奶和妈妈都很震惊，她们一直不肯相信这是自己的乖孙女、好女儿做出来的事。

高年级的孩子已经开始进入青春期，伴随着生理的发育，他们或多或少都会有一些情绪上的波动、行为上的异常，也即所谓的青春期"叛逆"。只不过不同孩子的叛逆程度有强有弱。有些父母听到"叛逆"这个词，或者想到自己的孩子也会出现青春期的叛逆就觉得头疼，甚至想要逃避。其实，父母完全没有必要如此抵触孩子的"叛逆"。相对于一个人一生的成长，叛逆只是暂时的，孩子只有经过了这暂时的挣扎与痛苦，才会慢慢成熟。父母只要能够正确认识青春期，理性客观地看待孩子的叛逆，就会发现其实它并没有想象中的那么可怕，也并非不能接受。

第一，转变观念：叛逆并不可怕

在当前的社会和舆论环境下，很多父母对孩子的叛逆存在着一种误解：认为孩子的叛逆期就是反抗期或者危险期，认为孩子只要进入青春期，就是"危险"的、不可控的。其实不然。叛逆期的孩子确实会对父母或者老师产生一些反抗和不顺从的言行，但他们并不一定就是"危险"的。当孩子对父母做出反抗行为的时候，其实他们是在表达一种更开放的思想，并不会对他人、对社会造成任何危害和损失。所以，当遇到孩子叛逆、不听话、不配合、不肯沟通时，父母要承认叛逆是孩子生理成熟、认知能力提高、自我统一性发展的结果，要去了解孩子行为背后真实的想法，不要紧张甚至打压孩子。

第二，叛逆的孩子思维往往更活跃

从成长角度来看，青春期的孩子在思维发展上变得更加成熟，变得更有想法。越是叛逆的孩子，其思维发展得往往越好。思维的成熟让孩子有更强的独立思考的意识和能力，从而对父母和老师的观点、要求变得不再言听计从、盲目接受，而是依靠自己的理解和认识进行判断，对某些他们并不认可的要求会质疑甚至反抗。这种思维的发展能够让孩子学会明辨是非、判断善恶、塑造健全的人格，进而发展为一个完整的独立个体。

第三，根据孩子叛逆的表现，有针对性地进行干预

了解了叛逆并不一定是坏事之后，父母就要理性地分析孩子的叛逆行为，并决定是否要对其进行干预。如果孩子的叛逆只是他们不想遵循常规，父母应对孩子勇于自我探索的表现加以肯定，因为这也许就是孩子开启创造大门的第一步。如果父母不分青红皂白地打压孩子的行为，也许会让祖国失去一个未来的发明创造的栋梁之材。因此，父母一定要站在孩子的角度去理解他们的想法，尝试接受来自孩子的反抗和挑战，并在适当的时候引导和帮助孩

子，鼓励他们在合理的范围内大胆创新、勇于突破。

青春期孩子的叛逆类型

暴躁型：对父母、老师的要求反抗强烈，经常跟父母吵架或发脾气，有时还与父母冷战。

沉默型：不愿与大人沟通，对身边的事情漠不关心，对父母的话没有回应，不喜欢跟老师接触。

阳奉阴违型：当着大人的面赞成大人的要求，但是自己的行为表现却相反。父母说什么表面都答应，但是依旧我行我素。

3. 渐行渐远的"小大人"

一位母亲在日记中写道：

进入六年级后，儿子真的长大了！

思想日趋成熟，不再极端。初步形成自己对事物的理解，与他人意见相悖时能选择恰当的方式表达自己的想法。写作业不再用人督促，能够合理规划自己的时间。对中学生活有了一定思考。感觉最近特别需要得到老师和父母的肯定。多数时候情绪稳定，有时会可爱得像个小宝宝，有时又深刻得像个大人。

经过一年的"权利斗争"，我不会再把自己的意愿强加给他。作为妈妈，很开心，终于不用再辅导课内外作业了；很失落，事实是我已经辅导不了了；

很欣喜，孩子积累多年的能力终于开始展现；虽然感觉与孩子渐行渐远，但还是为他的成长感到欣慰。前几天老师留了一篇作文"写一位好老师"，要求是写一位好老师，不是那种严厉的老师，是真正懂孩子的老师。我突然问了自己两个问题：我懂我的孩子吗？什么样的父母是懂孩子的父母？这两个问题我没有找到答案……

很多时候，父母出于本能，会想让孩子少走一些弯路，为他（她）铺就一条光明坦途。但每个人都有自己的人生，需要自己去体验，这是父母不能左右的。父母的第一个任务是和孩子建立亲密关系，呵护孩子成长；第二个任务是和孩子分离，促进孩子独立。若父母把两项任务的顺序颠倒了，就会让孩子童年生活贫瘠，让孩子的成年生活窒息。

从孩子出生的那一刻起，意味着他（她）将开启属于自己的人生，走上一条属于自己的成长之路。面对高年级的孩子，过度控制对他们来说是一种束缚。父母切不可再事无巨细地照料孩子的生活，督促他们学习，不能再凡事都替孩子安排。父母需要做的是多鼓励孩子独立面对挑战，告诉孩子，即使失败，也要勇敢承担后果并积极寻找解决问题的方法，这才是真正助力孩子"远行"。父母要做的不是强行要求孩子必须做什么，而是给予他思辨、选择的能力和可以保护自己的力量。

当孩子与我们"渐行渐远"时，以下几点是给父母的建议：

第一，安全是底线

●告诉孩子，生命安全永远是第一位的。

●告诉孩子，在社会生活中感到恐惧和不悦时，要及时向家人或老师寻求帮助。

●教孩子一些自我保护技能，如遇到自然灾害等突发事件时的处置方式以及防拐骗策略。

第二，情感做积淀

- 告诉孩子，家永远是最温暖的地方，父母永远是他们最坚强的后盾。

- 遇到任何问题，家和父母永远是最值得信赖的。

- 鼓励孩子勇敢面对成长中的问题，学会从失败中汲取教训。

第三，榜样来示范

- 父母要为孩子做自律的榜样。

- 父母要有自己的职业规划，要培养个人的兴趣爱好。

父母随笔

PART3

温暖有爱的家庭

第1章
怎样营造良好的家庭氛围

1. 家规的建立：民主·规则

　　小美是一个五年级的小姑娘，长相甜美可爱，胖乎乎的小脸上有一对很招人喜欢的梨涡。从出生起小美就是家里的掌上明珠，不仅爸爸妈妈对她呵护有加，爷爷奶奶也对她格外疼爱。全家人的宠爱让小美变得越来越骄傲任性。

　　时间一长，小美的妈妈觉得孩子有些疏于管教，跟孩子爸爸商量要约束孩子的行为，不能让孩子成为一个跋扈的女生。可爸爸却坚持认为，孩子小时候就应该天真烂漫、任性而为，不能过分打压；那些被父母约束成乖乖女的小朋友，也就是一时讨喜，长大之后她们可能会变得保守、死板，缺少主见……妈妈一听觉得也有道理，就没有再多想。

　　但是升入五年级之后，小美变得越来越不服管教，不仅在家里随意和父母顶嘴，还开始在学校顶撞老师，甚至会联合一些同学搞小团体，把班级搞得很不和谐。

　　小美现在的表现，一定不是爸爸妈妈期望看到的。虽然孩子有想法、有个性，但缺少自我约束和管理的能力，同样不会成为优秀的学生。高年级的孩子已经有了强烈的自我意识，他们渴望获得自由，希望对自己的事情独立做主。父母应该在孩子成长的过程中慢慢学会放手，给孩子更多的自主空间和权利。故事中的小美父母遵循了这个原则来教育孩子，可结果并不理想，这是什么原因呢？

古语云："不以规矩，不能成方圆。"自由是有条件的，是在一定范围内的自由。让孩子自由不意味着父母放任不管，给孩子建立规则也不是限制他们自由成长，而是让他们从自由走向自律，当自己真正的主人。对于高年级孩子而言，他们的心智和思想都还不成熟，因此自由应该是有条件的。父母如何才能在教育子女的过程中平衡好自由和约束的关系呢？一个非常可取的方式就是建立家规。

首先，家规适用于每一个家庭成员

家规本身就是一种规矩，是对每一位家庭成员的约束。有了家规的约束，父母不需要时刻对孩子进行管教，家庭成员依据一种共同的规则进行自我约束。家规，一方面可以对孩子的行为进行有效的约束；另一方面，也可以锻炼孩子的自我控制能力，提升他们的个人素质。

其次，家规的建立需要全体家庭成员参与

家规代表的是一个家庭的家风，是家庭希望传达给孩子的家庭文化和价值观。家规的制订并不是一件简单而随意的事情，需要综合考虑，需要每一位家庭成员贡献智慧。家规一旦确立，便不能轻易更改。在制订家规的过程中，孩子的参与十分重要，父母可以选择召开家庭会议的方式，让孩子全程参与并发表自己的观点。这样做，一方面可以让孩子感受到被尊重，感受到自己在家庭中的地位和责任，培养担当意识；另一方面，利于家规的实施，因为孩子更愿意遵守自己参与制订的家规。

最后，严格遵守，避免家规形同虚设

制订家规重要，遵守家规更重要。订立规则容易，能长久地遵守规则却不容易。为了真正发挥家规的作用，让家规不仅仅是一种形式和摆设，父母要以身作则、充当表率，严格按照家规来约束自己的行为。只有父母身体力行、遵守家规，孩子才有可能以父母为榜样来要求自己。此外，为了让家规顺利实施，还可以制订一定的奖励和处罚措施。

2. 爱的觉察和表达

晓光妈妈最近遇到了一件很苦恼的事情，却找不到解决的办法。起因是一周前的家长会后，她和班主任老师的一番谈话。这是本学期的总结家长会，班主任特别设计了一个"同学们总结自己一个学期的收获与成长"的环节。很多同学在讲台上发言都是落落大方的，可轮到晓光上台时，他却表现得非常不安和紧张——低着头，说话声音很小，三言两语就结束了发言。其实，这个学期晓光的进步还是很大的，不仅学习成绩有了一定的提升，而且他十分感兴趣的围棋也考取了新一级的证书，可他在讲台上只字未提这些进步。看到儿子这样的表现，晓光妈妈再一次深刻地意识到孩子的性格太内向、太腼腆了。于是，家长会后她主动留下来向班主任了解孩子在学校的情况。根据班主任的描述，晓光在班里很安静，平日里只是和前后桌几个女同学的关系比较好，也不经常走动，大部分时间都是坐在自己的座位上看书。老师建议，平时在家里让孩子多和爸爸接触，慢慢锻炼其男子汉气概。可是家里的实际情况是，晓光爸爸的脾气不好又没有耐心，对晓光的态度十分严厉，从来没有鼓励或者表扬过孩子，这直接导致孩子怕爸爸，特别抵触和爸爸待在一起。这样的情况让晓光妈妈不知道该如何处理。

"严父慈母"是很多传统家庭的父母角色模式，但很多成功的家庭案例告

诉我们，无论是严父还是慈父，都不影响父母与孩子亲密关系的建立，很多严厉的爸爸同样能够和孩子保持良好的亲子关系。在孩子的心目中，父亲的形象既高大又易亲近。故事中，晓光和爸爸父子关系疏远，很大程度上是因为双方没有主动向对方表达过爱，也没能觉察到对方的爱。那么含蓄的父母，如何学着去表达爱并感知对方的爱呢？

第一，创造亲子相处的时间

要想拉近彼此的关系、感受到对方的爱意，最重要的前提就是有共处的时间。只有在频繁的互动中，两个人才有机会表达情感，完成爱的传递。例如，平日里可以做一些简单的亲子游戏，周末或者小长假全家人一起外出游玩，重要节日举办家庭主题晚会，等等，以密切彼此之间的关系，增进感情。

第二，有意识地培养孩子爱人和发现爱的能力

孩子是富有爱心的。作为父母，要善于发现孩子纯真的爱，并及时给予肯定。除了给予孩子爱，还要培养孩子爱人和发现爱的能力。这需要父母付出更多的细心和耐心，还要讲究有效的培养方法。比如在家里放置一个爱心收集瓶，当一个家庭成员发现其他家庭成员一个爱自己的表现时，就记录在小纸条上，放入爱心收集瓶里。这样做，一方面能引导孩子留心观察，发现父母的爱；另一方面，能增加生活趣味，培养孩子热爱生活的品质。

第三，大胆表达爱

在电影或电视剧中，经常能看到已经长大成人的儿女们有时也会像小孩子一样，向自己的父母撒娇，而父母也像对待幼儿一样赞美、拥抱他们。有些父母可能会觉得这样的行为太过矫情，而且会破坏自己在子女心中家长的形象。这种想法是完全错误的。表达爱是每个人都应该具备的基本技能，不分年龄、性别。因此父母要大胆对孩子表达爱，同时坦然接受孩子对自己表达的爱。

3. 全家人的餐桌时间

晚上六点半左右，忙碌了一天的一家人陆续回到家里。磊磊爸爸脱掉西装躺倒在沙发上，打开电视机看新闻。磊磊妈妈脱掉高跟鞋，系上围裙直奔厨房，为家人准备晚餐。磊磊进门后，不换鞋，甩掉书包就钻进自己的卧室，打开电脑玩游戏……

不一会儿，磊磊妈妈在厨房门口高声喊道："开饭啦！"这一声喊叫宣告全家人的晚餐时间正式开始。然而，喊声过后，只有磊磊妈妈孤零零地坐在餐桌前。此时电视机里主持人正在播报新闻，磊磊爸爸不想错过新闻，听到磊磊妈妈的召唤，他迅速从餐桌上盛了一碗饭菜，又回到了电视机前。磊磊打游戏正打得起劲，头也不回地冲着门外喊了一句："妈，你们先吃，我打完这一局就出来！"磊磊妈妈似乎已经习惯了这样的回答，头也不抬地说："快来吃，一会儿饭该凉了。"之后，磊磊妈妈就一个人开始吃饭。

这样的场景大家是不是很熟悉？随着孩子慢慢长大，他们的独立意识和能力越来越强，需要爸爸、妈妈帮忙照顾的地方也越来越少了，一家三口渐渐从"两个大人围着一个孩子转"的模式，转变成"三个独立个体各忙各"的模式。也许因为这种变化是慢慢产生的，家里的每个人都习惯了，并没有觉察到有什么不妥。可是读完磊磊一家三口的故事，你是不是感受到了字里行间透露出的疏离和孤单？回想一下自己家人间的相处模式，有没有发现其实也隐藏着一些问题呢？

一些父母抱怨："孩子长大了，不喜欢和我们说话了，所以父母无从了解孩子的心思。"一些父母会说："现在网络普及，游戏太害人了，把孩子的业余时间都占据了。"有的父母还会说："孩子会因为玩游戏耽误学习。"面对这样的社会现实，父母更应该努力创造家人之间，尤其是亲子之间的互动机会，家庭餐桌时间就是非常好的时机。

第一，重视每天的餐桌时间

首先，父母应该积极营造家庭用餐的良好氛围，让孩子感受到一家人围坐在餐桌前吃饭时的温馨、舒适和享受。在家居布置上，尽量安放一套足够家人使用的餐桌椅，为用餐留出足够的空间，保障一家人用餐的舒适度，让每个人都感受到餐桌时间的重要性。另外，父母还可以根据孩子的喜好，对餐桌及用餐环境进行精心的布置，让孩子享受到用餐环境带来的愉悦，从而更愿意在这个环境下用餐。

第二，提升自己的厨艺水平

餐桌上，食物是影响家人用餐是否愉快的重要因素之一。美味的食物不仅可以提高食欲，满足人体营养需求，还可以给人带来心理满足和美好体验。父母无论是否有天赋，无论起步水平如何，只要愿意尝试，肯于练习，就能提高厨艺水平。当然，父母还可以试着培养孩子的烹饪技能，偶尔带孩子一起准备一顿晚餐，给他们一些参与做饭的机会。这样既可锻炼孩子的动手能力，提高他们的生活技能，又可密切亲子关系。

第三，明确用餐的规则

精心准备的饭菜需要认真对待、用心品尝，所以家庭应该有一定的用餐规则。例如：家人应该围坐在一起用餐；吃饭时不看电视、手机、电脑，要专注于眼前的食物；等等。制订餐桌规则时，也应让孩子参与。规则一旦确定，父母要以身作则，做好榜样。

做到上述几点，家庭的用餐时间才会变得更有意义，父母和孩子也能在餐桌上收获美味的食物、愉悦的心情，完成爱的传递。

4. 家务劳动，人人有责

茉莉升入五年级后，茉莉妈妈觉得应该锻炼孩子的生活自理能力，培养孩子的生活技能了。于是她决定让茉莉从做家务开始，每天分担一部分家务劳动。她把这个想法告诉茉莉的时候，茉莉十分不情愿，说："妈妈，您每天都不上班，家务活不就是你的工作吗？我白天还要上学，已经很辛苦了，为什么还要帮您做家务呢？"听了女儿的话，茉莉妈妈很无奈，她让女儿干活并不是为了减轻自己的负担，而是为了培养女儿的生活技能。为了激发孩子的劳动热情，茉莉妈妈制订了一个针对茉莉的家务劳动"工资表"，表格上具体列明家务劳动的内容、时间和相应的报酬，只要完成表格中的某一项家务，就会得到相应额度的奖励。最初，这个方法还算有效。但随着时间的推移，孩子"挣钱"的欲望渐渐减弱了，从原来每天做一次家务变成周末做一次。后来，茉莉只在需要钱的时候才做家务，其他时候坚决不做。

父母是孩子的第一任老师，是陪伴孩子一起成长的人，因此，对孩子进行家庭劳动教育是父母义不容辞的责任。很多父母认为让孩子做家务是一件浪费时间的事情，会耽误他们的学习，所以即便自己再忙，也不会让孩子参与家务劳动。事实上，适当做些家务不仅不会耽误孩子的学习，还能够增强他们的责任意识，同时也能让孩子理解父母的辛苦，密切亲子关系。那么，怎样安排孩子的家务劳动才是合理的呢？

第一，和孩子一起做家务

很多父母可能遇到过这样的情况：孩子积极参与家务劳动，却又把事情搞得一团糟：洗碗，不小心把碗打碎了；扫地，反而弄得满地都是垃圾；洗衣服，洗衣液瓶盖没拧紧，液体洒地上了……面对这种情况，父母不要责怪孩子，而应鼓励并指导孩子。

父母要多和孩子一起做家务，其好处有：一是降低孩子在劳动过程中出现意外情况的概率，并且一旦出现意外情况，父母也能第一时间了解情况并及时处理；二是和孩子一起做家务的过程是父母和孩子一起成长的过程，也是和孩子一起享受劳动成果的过程；三是一起做家务的过程也是父母与孩子交流沟通的过程，同时让父母在孩子眼中的形象更丰富、立体，孩子也会更加乐于与父母交流。

第二，给孩子分配一些可以服务家人的劳动

父母给孩子分配的家务劳动的范围不应该局限于孩子自己的房间，如整理自己的衣柜、书桌等，还应让他们承担一部分家庭整体性家务，比如清洗碗筷，收拾脏衣服并放进洗衣机，整理出去旅游需要带的日常用品和衣物……这些家务不是孩子单纯地解决自己的问题，而是帮助其他家庭成员，为大家服务，这会让孩子产生自豪感和满足感，对做家务的热情会更高。

第三，选择适合孩子的奖励方式

要不要用金钱奖励的方式督促孩子参与家务劳动？这没有一个标准答案。一定的奖励确实能够起到很好的激励作用，但首先应让孩子明白，身为家庭当中的一员，每个人都有义务承担家务劳动，做家务并不是帮助别人做事，而是在完成自己的分内工作。因此，建议父母对于一些基础的家务活，如整理自己的床铺、书包，最好不使用奖励机制。如果孩子在此基础上额外承担了某些劳动，可以给予一定的物质奖励。

5. 营造良好的家庭学习氛围

美国第 18 任交通部长赵小兰，是首位两度进入美国政府内阁的华裔女性。赵家姐妹 6 人，其中 4 人毕业于哈佛大学，二妹获得威廉玛丽学院的硕士学位，四妹获得哥伦比亚大学的法学博士学位。赵家姐妹，个个学有专长，

出类拔萃。

看到 6 个女儿相继完成了学业，1981 年，年过 50 岁的母亲朱木兰又萌生了读书的想法，她做出了一个大胆的决定：重返校园。她选择纽约圣约翰大学攻读"亚洲文学和历史"硕士学位，期限两年。两年时间里，朱木兰没有耽误过一堂课，上课从来不迟到，最终顺利拿到了硕士学位。毕业典礼那天，丈夫和 6 个女儿都来到学校为她庆贺，共同见证这一美好时刻。

相信很多人都很羡慕这样的家庭，可能还有很多父母感叹："这样优秀的孩子都是别人家的，自己家的孩子怎么就不争气呢？"读完赵小兰母亲的故事，是不是有一些新的感触和反思呢？有些父母认为读书、学习是孩子的事，自己的任务就是工作、赚钱，用尽全力为孩子创造好的条件。他们自认为已经做到了为人父母的全部，可孩子的学习成绩依然不令人满意，到底是哪里出了问题呢？其实，学习并不仅仅是孩子的事情，学习还需要有一个好的家庭环境，也就是要有学习气氛。父母应成为学习的代言人，努力创建"学习型"家庭。

第一，拓展学习的内涵

学习并不仅指学习知识，还包括学习各种技能、为人处世的方法和技巧等。尤其在当下社会，科技飞速发展，要适应社会的发展，每个家庭成员都需要不断学习新知识、新技能。对于孩子，父母需要培养他们不断学习、主动学习的态度和观念。

第二，建立终身学习的观念

学习不应只是学生时代的任务，而应该伴随我们一生。父母要培养爱学习的孩子，自己首先要爱上学习。

要想营造一个学习型家庭的氛围，父母首先要坚定终身学习的观念，并帮助孩子找到学会学习、掌握学习的方法，将终身学习的理念落实到人生的每一个阶段。如果家庭里的每个人都有一颗主动学习的心和相应的学习行为，那么受家人的影响，孩子也一定是一个热爱学习、不断进步的人。

第三，约定共同的学习时间

为了营造良好的家庭学习氛围，家人之间可约定共同的学习时间。学习时间的长短、学习的周期可以根据各自家庭的情况而定，可以是每天晚上，也可以是周末的某个时间段，可以是半小时的片段时间，也可以是一两天的集中学习。这样的学习时间不仅可以促进家庭成员的个人成长，还会成为高效的亲子陪伴时间，让彼此感受到家人的爱。

第四，扩展学习内容

学习的内容，除了知识和技能之外，还可以不断拓展，比如：可以向生活学习，在真实的生活事件或者活动中感悟生活的真谛，从而更加热爱生活，让自己的人生更有意义；还可以向榜样人物、身边的优秀人物学习；父母和孩子也可以互为老师，向对方学习。

拓 展 阅 读

学习型家庭

有学者认为，学习型家庭是指以提高家庭的社会适应能力和生活质量为目的，家庭成员共同学习、相互学习、自我改变、自我完善、共同成长的家庭形态。

第2章
怎样陪伴孩子

1. 打开"小大人"心灵的钥匙

园园是五年级（3）班的文艺委员，她皮肤白皙，眼睛大大的，长相十分出众，她还是一个能歌善舞的小姑娘——每次学校的文艺演出活动都少不了她的身影。也正是因为如此，园园经常被同学们称为"班花""女神"，平日里老师对她也十分倚重，经常安排她协助老师一起组织班级活动等。渐渐地，园园习惯了这种"众星捧月"的感觉，享受着老师和同学的喜爱。可是，这种感觉却被学期初一名新同学的到来彻底破坏了。

这名新同学叫小爱，也是一个长相甜美的小姑娘，虽然和园园的美并不是同一个类型，但是她的到来确实吸引了不少同学的注意。最初，同学们会在私下里议论，开玩笑似的比较她俩谁更像"班花"。时间久了，原本并不十分在意这个称号的园园开始变得敏感起来，开始留心周围同学的看法。但是性格内向的她平日里与同学的交流并不多，也不会和别人分享自己的想法。而小爱和园园恰恰相反，她是一个开朗健谈的女孩，转入班级不到一个月，就和班上很多同学成了朋友，平日里总是说说笑笑的。看到同学们和小爱的关系越来越好，园园内心的嫉妒也在与日俱增，无人倾诉的她变得闷闷不乐。

一天晚上，园园回家后没有和父母说一句话，直接走进自己的房间，锁上了房门。不一会儿，房间里传来了哇哇大哭的声音。闻声而来的爸爸妈妈一边敲门，一边焦急地询问孩子："园园，你怎么了？发生什么事了？为什么突然就哭了呢？有什么问题可以和爸爸妈妈说……"

上面事例中，园园的父母很迷惑，因为孩子的情绪来得突然且莫名其妙。很多高年级孩子的父母都曾遇到这样的情况：孩子的某些情绪出现得莫名其妙，令人不知所措。其实，孩子进入高年级后情绪变得起伏不定是十分正常的，他们也有和成年人一样的愤怒、羞愧、忧虑、伤心、悲痛、消沉、激动等情绪。那么，父母应该如何陪伴孩子，帮助他们平稳地度过这个成长阶段呢？

第一，修炼自身，保持良好的情绪状态

父母首先应该修炼好自己的情绪调节和管理能力，努力让自己始终处在一种平和的情绪状态。如果妈妈每次遇到突发状况时都焦虑不安，甚至大喊大叫，她的孩子一定也容易焦虑，并且可能会采用暴力、愤怒的方式发泄自己的情绪。相反，如果妈妈在遇到困难或者突发状况时能够保持从容冷静，理智地分析和解决问题，那么孩子一定也能从她身上学习到这份从容淡定，遇事不慌乱，尽全力解决问题。

第二，孩子的任何情绪都应该被接受、被理解

父母应明确一点，每个孩子在成长的过程中都会产生或多或少的不良情绪，而那些依靠大哭大闹、乱发脾气来发泄情绪的孩子，只是还没有学会如何正确地表达自己。所以，当孩子在房间大哭、对着父母吵闹、以拳打脚踢或摔东西的方式表达不满情绪时，父母要耐心地倾听和陪伴，引导和帮助孩子把他们的不良情绪发泄出来。此时，父母不要盲目制止孩子的行为，也不

要急于教孩子正确的发泄方法，更不能指责孩子，因为孩子这时需要的不是方法的指导、对错的评判，而是一个安全的环境、一个可以倾听和陪伴自己的人。

第三，引导孩子学会觉察和表达情绪

如果仔细分析，我们就会发现，生活中的大部分烦恼和焦虑都与人有关，而人与人之间的误会、矛盾和冲突大多是因为缺乏沟通或者表达不当引起的。如果能够及时把心中的某种不良情绪说出来，这种不良情绪所带来的感受就会消退很多，这就是表达的重要性。如何让孩子敢于和善于表达内心的情绪呢？一方面，父母平日要和孩子保持比较亲密的亲子关系，获得孩子的信任，渐渐地，双方就会形成一种相互信任、彼此默契的情感联结，这种状态就有助于良好情绪的培养；另一方面，父母也要试着向孩子表达自己的情绪，用行动引导孩子学会觉察和表达情绪。

另外，父母平时应留意、了解孩子的情绪变化。如当看到孩子皱着眉头时，可以说："我看你皱着眉头，能告诉我发生了什么吗？看看我能不能帮你解决问题。"当看到孩子脸上挂着笑容时，可以问："今天这么开心，有什么好玩的事情想跟我说说吗？"久而久之，孩子就会觉察到自己的情绪变化，并且无论发生什么事都愿意第一时间和父母交流。

拓 展 阅 读

情绪调节的技巧

情景转移：当产生不良情绪时，可以暂时离开引起不良情绪的环境，做一些平常自己喜欢做的事以转移注意力，比如听音乐、跑步、画画、读书等，从而降低消极情绪的强度。

放声大笑：笑是一种十分神奇的人类行为，它能够把我们瞬间带离当前

压抑、郁闷或者紧张的情绪，有效缓解不良的情绪状态。当产生不良情绪时，可以观看一些能够让自己大笑的电视节目，比如相声、小品、综艺等。

理智控制：针对某种消极情绪状态，还可以尝试通过自我分析的理性方式慢慢平息自己的情绪。比如想一想：因为当下的事情而愤怒有用吗？这种情绪会给自己带来哪些不好的影响？这样做的目的不是为了寻找一个正确的答案，而是让自己的情绪在思考的过程中慢慢恢复平静。

合理宣泄：每个人都会有各种各样的不良情绪，把这些情绪发泄出来也是调节情绪的有效方法。但是要注意发泄情绪的方式，所选择的发泄方式不能让自己或他人受到伤害。

探究根源：这是一种更深层次的情绪调节技巧，同时也是对个人情绪调节能力的训练。探究引发不良情绪的真正根源，从而发现自己在认知上的不良习惯，并加以改正，可以从根本上消除某种不良情绪的影响。

墙上的钉子洞

从前，有一个脾气很差的男孩，他总是很容易跟别人吵架，与人发生争执。有一天，他爸爸给了他一袋钉子，跟他说："孩子，以后你每次发脾气或者跟别人吵架的时候，就在房间的墙上钉一根钉子。"第一天，男孩在墙上钉了20根钉子。后来，男孩慢慢学会了控制自己的脾气，每天与人吵架的次数减少了，于是每天往墙上钉的钉子也逐渐减少了。他发现，控制脾气比钉钉子简单得多。

有一天，他一根钉子都没有钉。他很高兴地跑去跟爸爸说："爸爸，您看，我都不用钉钉子了！"爸爸又跟男孩说："孩子，从现在开始，如果你一整天都没有发脾气，就可以从墙上拔掉一根钉子。"

日子一天一天过去，最终男孩把墙上的钉子都拔光了。爸爸带着孩子来到这面墙前，说："孩子，你做得很好。可是，你看看墙上的钉子洞。这面墙永远都不可能恢复成原来那样了。这就好像你和一个人吵架时说了一些难听的话，这些话就在他的心里留了一个伤口。无论你以后怎么道歉、怎么补偿，都不可能使这个伤口恢复如初。"

2. 运动：充沛精力的释放

《中国人群身体活动指南（2021）》是我国发布的覆盖全生命周期各个年龄段人群（包括慢性病患者）的身体活动指南，对于分类指导不同年龄段人群及慢性病患者具有重要的科学意义和实用价值。

指南的总则是指导国人进行适度身体活动的重要原则，内容如下：

1. 动则有益、多动更好、适度量力、贵在坚持。

2. 减少静态行为，每天保持身体活跃状态。

3. 身体活动达到推荐量。

4. 安全地进行身体活动。

其中，6—17岁儿童青少年身体活动指南如下：

1. 每天进行至少60分钟中等强度到高强度的身体活动，且鼓励以户外活动为主。

2. 每周至少3天肌肉力量练习和强健骨骼练习。

3. 减少静态行为。每次静态行为持续不超过1小时；每天视屏时间累计少于 2 小时。

父母的陪伴是促进孩子成长最持久，也是最有力的助推器。每一个孩子从出生到成年，父母都在给他提供各种各样的陪伴，帮助他更好地成长。对婴幼儿来说，父母的陪伴是生活上无微不至的照顾；当他步入小学时，尤其是随着年级的不断升高，父母的陪伴更多放在孩子的学习、兴趣培养等方面。然而在孩子的成长过程中，还有一项非常重要的陪伴经常被父母忽视，那就是运动的陪伴。

运动对孩子的身体健康和成长发育有着十分重要的作用。第一，运动可以增强体质。运动能使孩子全身的血液循环、新陈代谢加快，促进孩子的肌肉、骨骼、器官等发育。第二，运动对良好性格养成有着不可替代的作用。孩子运动时，有时会遇到一些困难。当孩子克服了自己的恐惧完成某项运动时，他们会得到前所未有的成就感。第三，运动可以提高学习效率。孩子在运动时会产生多巴胺、去甲肾上腺素和血清素，这三种神经递质都和学习有关。尤其是多巴胺，它能够传递"快乐与兴奋"的信号，促使孩子注意力集中，有助于提高孩子的记忆力。第四，运动会给孩子的个人成长带来一系列的连锁反应。网上曾经有一篇浏览量超过 2 000 万的文章，标题是"长期运动对孩子的影响到底有多大"。文章通过一系列的真实案例向我们呈现了运动的神奇作用，它不仅会改变孩子的外貌，同时也会增强他们的自信心及对个人成长十分重要的抗逆力，培养孩子的性格品质，等等。有研究表明，一次20 分钟中等强度的慢跑能提高儿童的注意控制；一次 30 分钟功率自行车训练后，10 岁儿童的抑制功能得到改善[1]。某机构公布的一项中小学教育质量监测表明：每天运动超过 1 小时的学生，学业成绩会更好，情绪更加积极，心态更加乐观。美国心理学家约翰·瑞迪也曾提到，"生活中多进行体育活动，在社交方面就会变得更活跃"。

---

[1] 揭江，黄焰. 运动对儿童执行功能发展的积极效应 [J]. 课程教育研究，2018（09）：247-248.

父母应该如何对孩子进行有效的运动陪伴呢？

第一，陪伴孩子共同完成

说到陪伴，最重要的一点就是"陪"。无论何种形式的运动，父母都应该陪在孩子身边，与孩子共同完成，而不是单纯地给孩子布置任务。父母不管如何强调运动的重要性，都不如亲身示范。对父母而言，首先要强化自己运动健身的意识；其次是"从我做起"，创造条件与孩子一起做运动。

第二，与孩子一起商讨合适的运动时间和运动形式

运动与吃饭、睡觉一样，在人的健康生活中必不可少，它关系到家庭生活的质量。在选择运动方式时，父母一方面要考虑孩子的兴趣点和体能水平，另一方面要从孩子的发展需求和培养目标入手。需要培养团队协作精神的孩子，可以选择集体性运动，如排球、篮球、足球等；容易焦虑、紧张不安或注意力不集中的孩子，需要参与激励性的运动，比如瑜伽、跆拳道等；自主能力比较强、追求完美的孩子，可选择能够表现自我的运动，如体操、网球、武术等。父母要学会"见缝插针"，比如：孩子写作业累了，就让他起来伸伸臂、扭扭腰、踢踢腿等；早晨带孩子外出跑步，饭后带孩子散步，周末带孩子一起去爬山；等等。

拓 展 阅 读

《中国儿童青少年身体活动指南》①（节选）

目标人群：身体健康的6—17岁儿童青少年。

身体活动是指任何骨骼肌收缩引起的高于基础代谢水平能量消耗的机体活动。身体活动包括：职业工作、家务、休闲活动、体育活动以及以健身和健康为目的的身体锻炼。

---

① 张云婷，马生霞，陈畅，等.中国儿童青少年身体活动指南[J].中国循证儿科杂志，2017，12（06）：401-409.

身体活动强度通常以代谢当量（Metabolic equivalent，MET）作为基本测量单位。1 MET 为安静坐位休息时的能量消耗率，约定值为每千克体重每分钟消耗 3.5 mL 氧气。

表1 常见儿童青少年不同身体活动与相应的代谢当量

身体活动内容	MET	身体活动内容	MET
坐姿时安静地玩游戏、看电视、做作业	1.1—1.8	柔软体操、体操	2.8—6.7
站立时身体活动	1.6—2.0	跳舞、爬楼梯	3.0—5.5
提轻物体	2.0—3.0	自行车、滑板车	3.6—7.8
家务活动	1.9—4.2	体育运动（乒乓球、足球、篮球等）	3.4—8.9
需要全身活动的电子游戏	1.8—4.8	活跃的游戏（跳绳、捉人游戏等）	4.9—8.6
步行 0.8—6.4 km·h^{-1}	2.5—5.3	跑步 4.8—12.9 km·h^{-1}	4.7—11.6

表2 儿童青少年身体活动推荐和久坐行为推荐量

内容	强度	频率或时间
身体活动	中、高强度身体活动（大多数为有氧身体活动）	每天，累计 ≥ 60 min
	有高强度身体活动和增强肌肉力量、骨健康的抗阻活动	每周 ≥ 3 天
久坐行为	—	每天，屏幕时间限制在 2 h 内，减少因课业任务持续久坐行为，课间休息时应进行适当身体活动

表3 主观运动等级强度量表

等级	主观运动感觉	运动强度分类	最大心率百分比
6	安静、不费力	静息	—

续表

等级	主观运动感觉	运动强度分类	最大心率百分比
7	极其轻松	非常低	< 50
8			
9	很轻松		
10	轻松	低强度	51—63
11			
12	有点吃力	中等强度	64—76
13			
14	吃力	高强度	77—93
15			
16			
17	非常吃力	超高强度	≥ 94
18			
19	极其吃力		
20	精疲力竭	最高强度	100

 Tips 小贴士

运动的益处

- 改善抑郁和焦虑情绪。

- 改善睡眠质量。

- 控制体重，预防肥胖。

- 增强体质，抵御疾病。

3. 全家人的集体外出活动如此重要

升入五年级后，佳佳的成绩呈现下滑的趋势。对于这种状况，班主任、各科老师和佳佳的爸爸妈妈都十分担心，多次与其进行沟通，但都不知道问题出在哪里。随着时间的推移，佳佳妈妈变得越来越焦虑。

一天，佳佳妈妈接到了班主任的电话，说她无意中发现佳佳在课堂上总是眯着眼睛看黑板。班主任经过询问才知道，很长一段时间以来，佳佳看黑板上的内容都是模糊的，于是她暂时给佳佳调整了座位。班主任建议佳佳妈妈带佳佳去检查一下视力。妈妈第二天就带着孩子去了医院。检查之后，医生发现孩子的视力已经下降得很严重，佩戴眼镜已经不可避免。从医院回家的路上，佳佳妈妈一直尝试跟孩子交流："视力下降了为什么没有及时告诉爸爸妈妈？平时看不清黑板上的字为什么没有跟老师说？成绩下滑是不是因为上课时看不清黑板上的字影响学习效果导致的？"面对妈妈一连串的问题，佳佳一直保持沉默。

回到家里，佳佳妈妈开始认真思考孩子视力下降的原因，认为自己和佳佳爸爸都不近视，应该不存在遗传的问题。晚上，她和佳佳爸爸经过仔细讨论和分析，最终得出结论：孩子近视是其长时间使用电脑和手机造成的。原来，每到周末，孩子基本上都是窝在家里对着电脑或者手机等电子设备，经常连续几个小时不休息……

随着信息技术的飞速发展，电脑、手机等电子产品的普及率越来越高，过度使用这些电子产品，势必会影响孩子的视力健康。如果你是佳佳的父母，发现孩子视力严重下降并且影响了学习，第一反应是什么呢？会不会指责孩子沉迷于电子设备，没有保护好眼睛呢？孩子出现这方面的问题，父母首先应该自我反省：孩子为什么整个周末都专注于电子产品？父母们应该抓住周末这个全家人相处的机会，精心安排户外活动。

首先，孩子只有走出家门，走向户外，他们才能真正放下手机、远离电脑，把目光和精力投入到美丽的大自然当中。无论是打球、爬山，还是随意疯跑，都会让孩子快乐起来。接触大自然既能促进孩子的大脑发育，又可以让孩子眺望远方、注视绿色，从而缓解眼疲劳，保护视力。

其次，全家人的户外活动，不仅对孩子的视力调节和学习有帮助，而且可以营造和谐的家庭氛围，拉近父母和孩子之间的距离。随着孩子年龄的增长，很多父母感到和孩子交流的话题越来越少，对孩子的管教越来越困难。因此组织一些户外活动，在活动中彼此之间会有更多的话题，不仅能促进亲子沟通，增进感情，而且可以借机引导和教育孩子。

最后，户外活动还可以调节身心状态。成人都有过这样的体验：在工作或者生活压力很大时，和几个好友一起去爬爬山、打打球，心情会变得平静而舒畅。其实，孩子的学习压力也很大，他们也需要户外活动来解压。

🌱 Tips 小贴士

适合全家人的外出活动清单

运动类：跑步、骑行、爬山、游泳、篮球、足球、羽毛球。

挑战类：浮潜、滑雪、漂流、攀岩、露营、野外生存、沙漠徒步、户外拓展。

公益类：节日主题献爱心活动、义卖和募捐活动、社区劳动、志愿服务。

活动类：参观博物馆、科技馆、动物园、植物园，游览公园景点，观看各类音乐、舞蹈、戏剧表演。

其他：参观农场、采摘、户外野餐、钓鱼、观鸟、观星等。

4. "当家做主"的孩子不简单

男男爸爸平日工作繁忙且经常出差，很少照顾家庭，他觉得亏欠了妻子和儿子，这种愧疚感在他和男男班主任的偶然碰面交谈中达到了顶峰。这是近三年来男男爸爸第一次见到儿子的班主任，他从班主任口中得知，男男在班级里基本没有要好的男生朋友，平日里多是和周围几个女同学接触，身上缺乏男子汉气概，这很大一部分原因是孩子的成长中缺少了爸爸的陪伴。

男男爸爸深刻地反省了自己的问题，决定以后每周都抽出一些时间陪伴儿子。于是，在接下来的一个多月里，每个周末他都带着男男一起进行户外活动，比如早上两个人一起去爬山，晚上去球场打篮球……虽然父子俩在一起的时间变多了，可男男爸爸却感觉和儿子的关系比以前疏远了。这种感觉在某个周末得到了印证。男男爸爸所在单位组织一次素质拓展活动，两天一夜在外露营，允许带家属。男男爸爸觉得机会难得，决定带男男一起参加活动。周五晚上，男男爸爸刚进家门就迫不及待地通知孩子，让他准备行李，一向文静的男男突然爆发了："爸爸，你能不能不要每次都私自帮我做决定！我对自己的时间也有安排，我也有喜欢做的事情，为什么每次都要我来配合你的时间，做你想做的事情呢？"听到这段话，男男爸爸很是不解，明明是自己为了弥补孩子，拼命挤出时间来陪他，怎么成了孩子配合自己了呢？

故事中，这位爱孩子的爸爸困惑的根源就在于曲解了"陪伴孩子"的含义，简单点说就是用对待低龄孩子的方法来陪伴高年级的孩子。显然这种方法行不通。那么，应该如何有效陪伴高年级孩子呢？关键是：既要让孩子感受到温暖和被关心，还要关注孩子对"独立"的需求，要考虑孩子的想法，让他们有"当家做主"的感觉。

第一，让孩子参与制订计划

父母要尽可能多和孩子一起制订活动计划，以体现他们的存在价值。

生活中还有很多可以让孩子"当家做主"的地方，比如全家人一起做家庭大扫除，把家里的书按照类别整理清楚，外出时制订游览路线，等等。

第二，巧妙地设定符合孩子能力的任务

在为孩子创造各种"独立"机会的同时，父母应把握好事情的难易程度，最好是在孩子能力范围内，且需要他们付出一定的努力才能做到。如果事情过难，超出了他们的能力范围，他们努力了许久却没有收获，这会给他们带来严重的挫败感，很可能会打击他们的积极性和自信心；而事情太过容易，又很难激发孩子的兴趣，甚至会让他们觉得不被父母认可而生气。

第三，不要用自己的经验剥夺孩子尝试的机会

高年级孩子自我意识增强，所以父母应该放手让孩子自己去感受和认识世界，而不是一味地以自己的经验来阻止他们的探索。即使是一些看起来会使孩子遭遇挫折或者给孩子造成困扰的事情，也可让孩子尝试去做，这样孩子才能更好地得到锻炼，尽快成长。比如让孩子充当"小家长"，体验一天当家做主的滋味。一想到要让孩子独自制作一家人的一日三餐，爸爸可能会担心孩子会受伤，妈妈会担心孩子"战斗"过的厨房需要耗费自己几个小时才能恢复如初，但这些都不应该成为父母不让孩子尝试的理由。父母应该尽可能创造机会，满足孩子的探索欲望，让他们体验丰富的人生。

5. 以孩子需要的形式陪伴

寒假外出，朋友兰上六年级的女儿提出要单独带一个箱子放自己的物品。以前外出旅行，一家三口最多带两个箱子。近一两年，这个要求孩子已经提出好几次，兰最初的想法是外出旅游带的东西越少越好，能放在一起的物品没必要分开装，后来兰意识到孩子的要求和她所处的年龄阶段有关，女儿开

始走向独立。或许大人的想法并没有错，但那是从成年人角度考虑的，十几岁的女儿开始走向青春期，她在心理上更需要一种标识"独立"的形式感。于是兰和爱人为女儿准备了一个小行李箱。尽管这次外出大旅行箱没有装满，旅行也因新添的行李箱而多了很多事情，但兰认为孩子的心理成长更为重要，父母应尊重孩子的意见。

兰的做法值得父母们思考。为人父母不容易，做青春期孩子的父母更不容易。父母在孩子青春期被"嫌弃"的原因，多数是父母身份的成长滞后于孩子的成长。孩子已经十几岁了，父母还停留在 6 岁孩子父母的角色里，继续用原来的方式对待孩子，自然会引起孩子的不满。此时父母要做的是及时调整自己的思考和行为方式，尽快适应孩子的成长。

此时，父母可以暂时收起满心的爱与关怀，在孩子面前努力做到"三个不要"，即不要太关心，不要太热心，不要太有好奇心。

这"三个不要"是以退为进。父母的"退"是日常行为的"隐退"，而非情感的疏离，此时的"退"实则是为密切亲子关系的"进"做准备。

父母要努力做到：不说伤感情的话，不谈容易引起矛盾的话题，利用各种活动培养亲子之间的"亲"，比如跟孩子下棋，一起看电影，一起去爬山，等等。不要急于了解孩子目前的所思所想，更不要试图掌控孩子，让孩子感受到父母是理解他（她）的。日常生活中还可以和孩子聊聊对一些社会问题的看法，说说班里的老师和同学，各自发表看法。

第3章
创建良好的家庭环境

1. 敲开左邻右舍小朋友家的门

　　故事一：浩轩今年上六年级了，他的同学和老师发现，平时总会和大家一起玩耍的他，最近却总是闷闷不乐，上课还经常走神。班主任非常担心，找浩轩聊了两次，但浩轩都说没什么事情。老师建议他有时间去学校的心理咨询室跟心理老师聊聊。一天午休时间，浩轩走进了咨询室。在心理老师的引导下，浩轩终于说出了自己的心结。原来因为爸爸工作的关系，他们家要搬离现在居住的小区。知道这个消息后，浩轩很难过，因为要和楼上楼下每天一起玩耍的小伙伴们分开了，也许不能经常见面了……

　　故事二：下午放学回到家，五年级的玲玲敲了好久的家门，但都无人应答。她只好翻书包找钥匙，但没有找到钥匙。这时她才想起来妈妈上周末洗过她的书包，书包里的东西都被掏出来了，好多东西还没放回去。无处可去的玲玲只好抱着书包坐在家门口的楼梯上，等待爸爸妈妈回来。没想到这天晚上爸爸妈妈都加班，玲玲一直等到晚上十点。妈妈刚出电梯就看到玲玲靠在墙上打瞌睡，赶紧把她叫起来问："你一直在这里等着啊？冷不冷啊？还没吃饭吧？怎么不去邻居家待一会儿呢？"玲玲很无奈地回答："我不认识咱们楼里的邻居啊！"

现如今，城市中邻里之间的关系非常微妙。常常有人感叹："现在的邻里关系比较冷漠，住在小区里好几年了，对门的邻居都不认识，上下楼层的还容易产生矛盾。"

故事中的两个小主人公与左邻右舍的关系截然不同：浩轩与楼上楼下的小伙伴关系密切，玲玲却不认识自己的邻居。人们常说"远亲不如近邻"，事实上，好的邻里关系对孩子的成长十分有益。因此，父母在营造良好家庭氛围的同时，也应该考虑为孩子创造良好的邻里关系。

好的邻里关系对孩子的成长有多重要呢？显而易见的就是邻里之间可以互相帮忙，比如玲玲遇到的这种突发情况，邻居就能成为好帮手。此外，拥有良好的邻里关系还会给孩子带来许多益处。比如与同龄的伙伴一起学习、做游戏，能激发孩子的学习热情和兴趣，让孩子学到更多知识，同时培养孩子与人交往的能力；让孩子跳出自己家庭的小圈子，弱化以自我为中心的意识，逐渐养成关心他人、帮助他人的好习惯；让孩子感受到来自家庭之外的温暖，感受到社会的和谐，这对孩子形成正确的价值观非常重要。那么，父母可以为此做出哪些努力呢？

第一，选择适合的居住环境

大家都知道"孟母三迁"的故事。孟母为什么要择邻而居？原因是居住环境对孩子的成长影响很大，选择一个利于孩子健康成长的居住环境非常重要。在选择居住的小区时，除了考虑地理位置、户型设计及房价之外，还应关注一些外在的因素，比如小区住户的主要年龄段、职业状况，是否有与孩子同龄的小伙伴，社区物业的服务质量，等等。概括起来主要有两个方面：一是安全，二是利于孩子的成长。在更换住所时也应该征求孩子的意见，并让孩子了解父母最终选择的依据。

第二，带孩子敲开邻居家的门

好朋友往往都是从陌生人开始的，第一步先认识，然后互相了解，建立并加深感情。所以，面对陌生的邻居，父母要带领孩子勇敢地跨出第一步。比如在某个阳光明媚的周末，和孩子一起敲开邻居家的门，简单介绍一下自己的家庭，再邀请邻居有空到家中做客。如果这样的"第一次"是全家人共同完成的，会更有仪式感，效果也会更好。

第三，愿意付出时间和精力与邻居交往

良好的邻里关系需要在日常往来中建立并维系，所以父母要从自己做起，积极主动地与邻居们互动。例如当和孩子在电梯中或楼道里遇到邻居时，父母要热情、礼貌地与邻居打招呼，并引导孩子主动向长辈问好；旅游归来时，父母可以引导孩子赠送邻居家的小伙伴一个小小的纪念品；平时，父母可以和邻居分享自己制作的美味食物；周末，可以与邻居结伴出行；等等。在父母的影响和引导下，孩子才能够逐渐学会与邻居相处，和邻居家的小伙伴交往。

2. 为孩子举办邀请好朋友参加的家庭聚会

娜娜放学回家后一直闷闷不乐，独自坐在小床上发呆。妈妈走过来，关切地摸着女儿的头，问她是什么情况。娜娜却突然跳起来，冲着妈妈一通大喊大叫，让她不要管自己，搞得妈妈一头雾水：早上出门的时候还好好的，晚上回来就不高兴，还突然发脾气了。果然像大家说的，高年级孩子的情绪变得越来越不稳定。为了让孩子冷静一下，妈妈没有再追问。

晚上睡觉前，妈妈再次走进女儿的卧室，打算跟娜娜聊一聊。经过一段时间的冷静，娜娜已经能好好跟妈妈说话了。原来娜娜不是无缘无故地发脾气，而是白天在学校得知好朋友周末过生日，她的爸爸妈妈会给她举办一个

特别有趣的生日聚会，这让娜娜十分羡慕。每年娜娜过生日，只有爸爸妈妈送给娜娜礼物，外加一个生日蛋糕。这样一对比，娜娜突然觉得不舒服……

很多父母认为，在家里举办一场聚会是一件很耗费时间和精力的事，辛辛苦苦做一桌子饭菜，味道可能不如餐厅好，而且聚会结束之后收拾残局更令人头疼。因此，很多人倾向于把各种各样的聚会放在饭店。其实，家庭聚会是融洽彼此关系的有效形式。对孩子而言，家庭聚会不仅能够为他们营造良好的同伴环境，也会带给他们更多的满足感和幸福感。那么，在家庭聚会方面父母应该怎么做呢？

第一，将家庭聚会变成定期活动

父母可以将家庭聚会变成一个定期的活动，既可以在自家定期举办，也可以几个家庭轮流定期举办。固定的家庭聚会能为孩子创造一种温馨美满的家庭氛围，有助于孩子建立良好的行为习惯。当然，在某个特定的日子，父母还可以筹备一次特殊的聚会。偶尔创造一些小惊喜，更会让孩子感到幸福。

第二，借助家庭聚会引导孩子与人交往

家庭聚会也是很好的家庭教育时间，父母可以抓住这个机会对孩子的某些行为习惯、与人交往方式等进行观察和引导教育。聚会前要做一些准备工作，聚会中要照顾来家里做客的伙伴，组织一些大家共同参与的游戏，等等，这个过程不仅可以锻炼孩子的组织协调能力，又能促进他们与同伴的交往。在聚会中如果看到别人家的孩子表现很好，父母要给予肯定和表扬，并正确引导自己的孩子学习。在家庭聚会中，应尽量避免在外人面前教训自己的孩子，尤其避免在同龄的小伙伴面前指责孩子，因为处在这个年龄阶段的孩子十分重视自己的"面子"。

🌿 Tips 小贴士

家庭聚会主题推荐

每月主题活动：手工艺主题活动（陶艺、折纸、绘画等）、游戏类主题活动（益智游戏挑战赛）、小鬼当家主题活动、劳动主题活动、读书交流主题活动等。

特殊节日主题活动：儿童节、国庆节、中国传统节日（中秋节、端午节、春节等）。

惊喜主题活动：爸爸妈妈的生日、母亲节、父亲节、孩子成长中某次重大活动或重要时刻等。

3. 设计家庭小假期

寒假过后，班主任赵老师组织了一次全班同学参加的假期生活分享会。每名同学都选定了自己的寒假生活中一个有趣的主题，制作了一块精美的展板。教室走廊两旁，五花八门的展示板展示着孩子们丰富精彩的假期生活。教室里，孩子们个个都神采飞扬地介绍了假期中的所见所闻，其中最让大家惊叹的是小谭同学的汇报。这个寒假，他和爸爸妈妈一起在海南度过了一段惬意的时光。绝大多数同学在假期中都有旅游的经历，大家去过国内外很多地方，为什么唯独小谭的分享让所有人印象深刻呢？因为他的这次旅行和别人不同，不是爸爸妈妈安排好行程带他游玩，而是他负责行程安排，带着爸爸妈妈去旅行。后来的家长会上，赵老师还特别安排小谭给全体家长介绍了自己的这次特别之旅。

随着经济的发展，人们生活水平的提高，越来越多的父母开始践行"读万卷书，更要行万里路"的理念，期盼着孩子能更早地认识社会，了解社会，融入社会，为未来的成长和发展奠定坚实的基础。要想让自己的孩子也能像故事中的小谭一样，学会合理地制订计划，父母需要利用假期对孩子进行培养和训练，可以尝试让孩子设计一次外出活动，锻炼孩子的统筹安排能力。如何通过旅游，让孩子养成良好的生活习惯和自我管理能力呢？

首先，让孩子参与旅游策划

每一次旅程，从目的地的确定到交通工具的选择，再到吃和住的安排，都需要细致规划。父母应该让孩子从旅游策划刚开始就参与进来，一起确定目的地，一起安排吃住行。这样，一方面可以激发孩子的兴趣，锻炼孩子的逻辑思维能力和条理性；另一方面，可以培养孩子的团队合作精神。

每种能力的学习都是一个循序渐进的过程。出行规划能力的培养有两条路径。第一，父母根据活动的时长、距离等因素，让孩子从易到难逐步体验。比如：先从策划一次家庭一日游开始，进而策划两三天的小假期活动，再过渡到策划十一长假、寒暑假等假期活动；或者先从离家比较近的公园场馆游策划开始，再过渡到周边游策划，最后尝试出省（区、市）游策划。第二，先由父母和孩子共同完成策划（旅行地点、出行方式等方面），此后逐渐减少父母的参与度（以孩子设计为主，父母在重要环节进行把关和提醒），最终实现孩子独立策划。

其次，给孩子必要的指导和帮助

为保证旅游计划的合理性、可行性，保证旅行顺利和安全，父母应给孩子必要的指导和帮助，但父母的指导和帮助一定要掌握恰当的时机。如孩子策划活动的时候，父母可以给予一定的参考意见，但这个意见应是对孩子的计划的简单修订和调整。

最后，让孩子总结旅途感受

父母在旅游策划阶段，就要引导孩子注意在旅途结束之后做一个旅途总结；旅游的过程中，多和孩子聊一聊每个景点的特点和观感，交流入住体验；旅行结束后，引导孩子对行程中出现的错误行为进行分析，避免以后再犯类似的错误。最重要的是，父母要引导孩子从自己的角度去观察和理解旅游过程中遇到的人、事、物，让孩子在头脑中形成自己的认知和感悟。

 Tips 小贴士

家庭出游计划表（以西安为例）

项目	具体内容	备注
出行时间	2024 年 7 月 27 日—7 月 31 日	
目的地	西安	
人员	爸爸、妈妈、我	
路线	北京南站→西安火车站→酒店→古城墙→大唐芙蓉园→秦始皇陵兵马俑→华清池→大雁塔→钟楼、鼓楼→西安博物院→西安火车站→北京南站→家	
出行准备	预订酒店	
	订购往返车票	
	网上预约部分景点门票	节约时间
	手机地图下载和标记	节省通信费用

项目	具体内容	备注
物资准备	现金	以备景点门票不能线上支付
	银行卡	减少现金携带量
	已经确定的消费清单	景点门票、来回车费、住宿费
物资准备	必备药品	防中暑药、感冒药、晕车药等
	出行衣物	查阅当地天气
......		

Part 3 温暖有爱的家庭

第4章
保持良性的家校沟通

1. 父母应担起教育孩子的责任

李老师是五年级（2）班的语文老师兼班主任，最近有一件事令她很郁闷，甚至有点气愤。两周前，班里一个名叫亮亮的男生上课不带课本，好几名学科老师都向她反映了这个情况。于是李老师找亮亮的父母沟通了这件事，希望他们能配合学校督促孩子纠正这一错误行为。结果两个星期过去了，亮亮依然没有改正。李老师认为，在这件事情上亮亮父母有一定的责任，希望他们能够认识到这个问题并调整他们的教育方式，于是再次拨通了亮亮妈妈的电话，有了这样的对话：

"哎呀，李老师，真是不好意思，亮亮在学校给您添麻烦了。孩子该怎么教训就怎么教训，要打要骂我们都支持，就都交给您了！"

"亮亮的这个问题的解决更多需要家长的督促和教育。您要多提醒孩子，要跟他谈一谈，分析一下原因。"

很多父母有过这样的感受：在孩子心目中，老师说话的作用要远大于父母，尤其是低年级的小学生。一旦父母的要求和老师的要求产生冲突，孩子毫无疑问会选择听老师的话。正是因为有了这样的认知，很多父母将教育孩子的责任全都推给学校的老师。在这样的情况下，父母渐渐形成"孩子的教育完全依靠老师"的错误认识。一旦父母有了这样的想法，那么孩子的成长一定会受到很大的负面影响。为什么这么说呢？

第一，父母陪伴孩子的时间最长

父母和孩子有着血浓于水的亲密联结。从孩子出生开始到成年之前，父母对未成年子女负有扶养、教育、保护的法定义务。大多数孩子每天除了在学校的时间，其他时间基本都是和父母相伴。所谓"身教大于言传"，父母每天的言行举止都在无意中对孩子产生影响，孩子也在无形中学习模仿父母的语言和行为。

第二，家庭和社会是孩子在校园习得知识技能的练兵场

孩子在学校接受的无论是知识、技能还是人格品质上的教育，都不仅仅适用于在校时间，同时也适用于他们离开学校回到家庭、步入社会的时候。如果说学校是孩子吸收能量的地方，那么家庭和社会就是他们通过实践消化能量的地方。因此，要想让孩子在学校学习的知识真正起到促进个人成长的作用，父母就需要配合学校和老师，做好孩子所学知识的巩固和再教育工作。

第三，学校教育对孩子的影响并不是即刻发生的

每一个良好习惯的养成，都需要在平时的学习和生活中不断强化和巩固。同理，老师在学校对孩子的训练和教育并不是即刻就能发挥作用的，很多时候需要长时间的锻炼和培养。如果父母把对孩子的教育单纯寄希望于学校的老师，即孩子在学校刚刚养成一个新习惯，回家之后父母不及时了解和重视，没能及时督促孩子，那么孩子很容易又回到起点。

学校是面向多数学生的普遍的、共性的教育，家庭教育则是个性化的，更多在于家长的言传身教；学校教育是阶段性的，家庭教育则是终身的。家

庭教育不仅在孩子的学校教育开始之前就奠定了教育的基础，而且对正在实施的学校教育产生着强化或者弱化的作用。因此，父母必须承担起家庭教育的责任。

有些父母认为，自己没有很好的家庭条件，没有很高的学历，也不是懂教育的家长，所以才会寄希望于学校和老师的帮助。其实所有父母都不是天生就懂得如何教育孩子，真正有智慧的父母都是在不断的学习积累和实践摸索中成长起来的。

拓 展 阅 读

如何成为懂教育的父母

● 读书。市场上有十分丰富的图书资源，有专门针对家庭教育的图书，还有教育学、心理学方面的相关书籍。读书可以帮助父母丰富自己的理论知识，为教育实践奠定基础。

● 听讲座。很多教育专家、大学教授会举办各种线上、线下的家长讲座。这些讲座不仅会向父母传递教育的知识，还会传授很多技巧、方法。

● 参与学校活动。大多数学校在组织家校活动的过程中，会渗透优秀的教育理念，并且在活动的过程中会展示很多教育技巧。这些都是非常直观的教育示范。

● 与人交流。我们常说"三人行，必有我师焉"，家庭教育同样需要不断向他人取经。父母经常与老师、同事、孩子同学的父母交流，就能够发现很多新的思路和想法。

● 自我反思。这是一种十分重要且易于学习的方法，它既可以单独使用，也可以融入上述的各种方法中。反思的形式有很多种，比如写亲子日记、讲故事、填写自我评价表等。自我反思能帮助父母更好地发现自己在教育孩子过程中的优点和不足，为孩子营造更加理性健康的家庭教育环境。

2. 怎样和老师沟通

故事一：晴晴妈妈最近很烦恼，因为晴晴的班主任已经一个月没给自己打电话了，与之前几乎每周都通电话的频率相比，这确实是个不小的变化，而且这种变化很大程度上是因为自己。原来，晴晴妈妈自从孩子升入五年级之后，就很抵触接到班主任的电话。因为她很清楚晴晴最近的表现不好，她感觉班主任老师来电话不是告孩子的状，就是指责父母管教不力，总之不会有什么好的信息。所以每次电话铃响，她都迟疑一会儿才接起电话，而且和老师的对话总是极其简短。这样的沟通状态一再持续，也让班主任失去了与晴晴妈妈主动联系的欲望。但是，现在电话真的不响了，晴晴妈妈反而有些焦虑。

故事二：小玉的爸爸发现，最近一段时间给班主任李老师打电话时经常无人接听，而且李老师主动回拨的次数也越来越少……事实上，李老师确实是在有意躲避小玉爸爸的电话，这并不是李老师不负责任，而是每次和小玉爸爸通电话，他都会向老师提一些不太合理的要求。例如：帮小玉调换一个更合适的座位；孩子在某某课上没有被表扬，希望老师可以弥补一下；听说学校社团开始招生了，就告诉老师孩子要进的社团；听说期末文艺表演需要小主持，就立刻告诉班主任孩子有很多主持经验，请老师给孩子一个机会；等等。小玉爸爸要求之多、次数之密，实在让李老师无力招架。

父母要多跟老师沟通，可真正操作起来好像又会遇到很多问题，比如：要不要主动给老师打电话？应该跟老师沟通些什么呢？聊天的重点和技巧是什么？什么样的沟通内容和方式最合适，对孩子最有帮助？

第一，保持双向沟通

沟通，无论发生在何种场景、针对什么群体，最基本的一点就是语言的双向交流。简单来说，两个人之间的沟通不能是一个人单纯地说，另一个人单纯地听，而应该是一个双向互动的过程。父母和老师沟通也要保持双向沟通，既要有接收信息的过程——了解孩子在学校的表现，如课堂表现情况、作业完成情况、与同学的相处情况、吸收知识的快慢情况等，也要有输出信息的过程——让老师了解孩子在家里及校外其他地方的表现。如果发现老师在教育教学的某方面不恰当，父母要及时反馈给老师。这样，双方才能对孩子有更加真实、全面的了解，才能针对孩子的具体情况寻找最佳的教育方法。

第二，保持有规律的沟通

父母与老师的沟通应该尽量规律化。比如新学期，父母可以主动联系孩子的班主任及任课老师，向老师介绍孩子的情况，以便老师有针对性地对孩子进行教育和指导；平时间隔一周或两周，与学校老师电话沟通，了解孩子近期的表现，并向老师反馈孩子最近一段时间在家里的表现，从而更好地配合老师共同教育孩子。同时，要注意与老师联系的时间尽量不影响老师的正常教学工作和休息。

第三，遇到突发情况时要及时联系老师

遇到某些突发情况时，父母要及时跟老师沟通，了解情况。这里的突发情况包括两个方面：一方面指关于孩子人身安全的情况，比如放学一段时间后孩子仍没有回家又联系不上，要及时与老师联系，确认孩子是否安全；另一方面指容易被忽略的突发情况，比如孩子回家后抱怨和指责某个老师或某个同学，或者谈论学校里发生的不确定性事件，如果只是因为传言对老师、同学或学校产生某些不好的印象，可能会导致一些不必要的误会和矛盾，此时，父母应及时与老师沟通，了解情况。

第四，考虑个性化需求的可行性

为了更好地照顾孩子，有些父母会提出一些特殊需求，比如：由于孩子的视力问题，向老师申请调换座位；孩子性格比较内向，希望老师安排孩子和性格外向的同学成为同桌；等等。这些需求并不是不能向老师申请，但一定要适度，并且在提出某个需求后告知老师相应的理由。在向老师提出需求后，父母还要认真听取老师的意见，因为班主任老师还要考量整个班级的管理和整体规划。即便老师没有满足父母的所有要求，父母也应该表示理解。

3. 不做单纯的传话筒

体育课上，体育老师带领六年级两个班的学生进行篮球对抗赛。强强作为班里篮球水平比较高的学生，理所当然地被选中参加比赛并担任队长。虽然这只是一次篮球技能的训练课，但是比赛哨声吹响之后两个班的同学都十分卖力，比分一直相互追赶、不分上下。

赛程接近尾声，在最后几分钟的时间里，大家都使出浑身解数，拼命想为自己的队伍赢分。这时，强强遇到了一个很好的投篮机会，结果刚刚跨步却被对方的一名同学故意犯规扰乱了动作，结果反倒使对方得分，赢得了比赛。队友们愤愤不平，希望队长能跟老师说明实际情况。于是，强强找到了体育老师，但是对方同学不承认自己犯规，还出言不逊诋毁强强。强强气愤不已，与对方同学打了起来。事后，两个人都被叫到年级组长处接受了批评教育……强强觉得很委屈，明明是对方犯规在先，自己只是为了班级的荣誉和老师说明情况，却被老师批评，还要写检查。

回到家里，强强本想跟妈妈抱怨一下，结果还没开口就听到妈妈说："刚刚你们班主任来电话说你在学校和其他班的同学打架。是不是最近这段时间我和你爸对你太宽容了，你居然学会动手打人了！"原本就委屈的强强一下子变得更愤怒了，他想不通为什么连父母都不相信自己。愤怒又委屈的强强转身跑出了家门……

很多父母和故事中的强强妈妈一样，希望孩子在学校的表现是完美的。一旦某天他们接到班主任的电话，得知孩子在学校犯了错误，第一反应往往是愤怒，并且会直接把这种情绪发泄到孩子身上。通常情况下，这些父母还会有这样的言语："你们老师说了，你……"其实这样的做法违背了老师和父母沟通的初衷，不仅起不到引导和教育孩子的作用，还有可能激化孩子和老师之间的矛盾，不利于孩子健康成长，也不利于学校教育工作的正常开展。

要知道，父母并不是老师的传话筒。老师与父母沟通的真正的目的是希望我们能够了解孩子在学校的表现，并在家庭教育的过程中对孩子身上存在的某些问题加以解决。所以，当收到老师对孩子某些行为习惯或者学习状态的反馈时，要认真分析，找到问题的原因并给予孩子相应的引导。

第一，尽可能全面地了解孩子的相关信息

父母在收到老师的反馈后，无论老师告知自己的内容是否令人焦虑，都应该保持冷静，全面而客观地了解具体情况，并根据自己对孩子的了解做出初步的分析和判断：问题是否出在孩子身上，具体是哪里出现问题，有什么办法可以帮助他进行补救。

第二，整理好自己的情绪再和孩子交流

在接到老师的电话后，和孩子交流探讨前，父母应确保自己的情绪是平和稳定的，只有这样才能保证自己的言语和行为不受不良情绪左右。同时，还应该充分了解孩子的感受和想法，分析孩子出现某种问题的原因，并寻找解决问题的办法。父母不要仅基于老师对孩子的某些问题的反馈就急于下结论，不问缘由地批评、指责孩子，这样不仅会伤害孩子的自尊心，让孩子感到委屈，还可能让孩子认为父母和老师联合起来对付自己，进而产生孤独感

和不安全感。

第三，充分了解孩子的想法并提供帮助

在同孩子交流的过程中，父母要多听他们的想法，从孩子的角度再次核实事情的真相，更重要的是了解孩子的想法，进而针对具体问题给孩子提供一些恰当的引导和帮助。故事中的强强妈妈应该在听完孩子的叙述后，充分感受孩子的情绪，留给他情绪调整的出口和时间，之后再针对孩子行为中的某些方面给予指导。

第四，解决完问题及时向老师反馈

这样做的目的是向老师转达孩子的真实想法以及家长的处理方式。这样做既能使老师更加深入地了解孩子，也能使家庭教育与学校教育保持一致性，更好地促进孩子成长。

父母随笔

PART4

帮助孩子走向社会

第1章
熟悉有关孩子的社会政策和社会资源

1. 了解教育政策及其发展趋势

2017年9月，教育部印发了《中小学综合实践活动课程指导纲要》（以下简称《纲要》），强调综合实践活动课程的重要意义。虽然文件的内容指向学校教育，指向教师，但是文件背后传递的未来人才需求和培养目标等信息却值得每一位家长深入研读，细细体会。

《中小学综合实践活动课程指导纲要》摘录

总目标

学生能从个体生活、社会生活及与大自然的接触中获得丰富的实践经验，形成并逐步提升对自然、社会和自我之内在联系的整体认识，具有价值体认、责任担当、问题解决、创意物化等方面的意识和能力。

小学阶段具体目标

（1）价值体认：通过亲历、参与少先队活动、场馆活动和主题教育活动，参观爱国主义教育基地等，获得有积极意义的价值体验。理解并遵守公共空间的基本行为规范，初步形成集体思想、组织观念，培养对中国共产党的朴素感情，为自己是中国人感到自豪。

（2）责任担当：围绕日常生活开展服务活动，能处理生活中的基本事务，初步养成自理能力、自立精神、热爱生活的态度，具有积极参与学校和社区生活的意愿。

（3）问题解决：能在教师的引导下，结合学校、家庭生活中的现象，发现并提出自己感兴趣的问题。能将问题转化为研究小课题，体验课题研究的过程与方法，提出自己的想法，形成对问题的初步解释。

（4）创意物化：通过动手操作实践，初步掌握手工设计与制作的基本技能；学会运用信息技术，设计并制作有一定创意的数字作品。运用常见、简单的信息技术解决实际问题，服务于学习和生活。

作为父母，我们应该如何解读这份重要的文件，从哪些角度给孩子提供相关的辅导和帮助呢？

第一，明确综合实践活动课程的目标

目标指明了孩子的培养方向。《纲要》中不仅提出了学生发展的总体目标，还针对不同学段的学生特点提出了更加有针对性的具体目标，这为父母教育孩子指明了方向。

帮助孩子树立正确的人生观和价值观

父母是孩子的第一任老师，父母的人生观和价值观直接影响孩子人生观和价值观的形成。所以父母要多读书、多思考、多感悟，特别注意从中华优

秀传统文化中汲取营养。父母可以利用节假日带孩子参观游览祖国各地的历史遗迹和红色景点，让孩子进一步接受中华民族历史文化和革命文化的熏陶，培养孩子的中华民族认同意识；也可以通过陪孩子观看系列纪录片，如《中国建设者》《我在故宫修文物》《大国基石》《这十年》等，透过镜头关注国家的发展、社会的进步，拓展孩子的视野，培养孩子的家国情怀。

培养孩子独立自主的能力和热爱生活的态度

对于孩子独立自主能力的培养，前面已作阐述。《纲要》在这方面也作了要求，可见其重要性。当今许多家庭十分重视孩子的智力培养，而往往忽视培养孩子的自立能力。正确的做法是：给孩子一定的自由活动空间，让孩子去做他们想做的力所能及的事，而父母则适时给予指导和鼓励，从而提高孩子的自信心，增强孩子的独立性。

热爱生活的态度，其实就是一种积极乐观、上进的心态。拥有热爱生活的态度是孩子心理健康的重要标志。培养孩子热爱生活的态度，父母首先应该营造一种温馨和谐的家庭氛围，尽量减少抱怨，避免冲突，降低乃至消除负能量。其次，父母可以培养孩子的兴趣爱好，比如弹琴、下棋、游泳、画画等，这些活动能为孩子的业余生活增添很多不一样的色彩。

锻炼孩子的动手能力，激发其创造力

动手能力对孩子未来的发展至关重要，它不仅包括动手完成各项家务或制作各种物品的能力，还包括动手操作各种仪器设备、电子产品及使用网络等能力，它既是一项生活技能，也是个人能力的体现。父母可以安排一些孩子可以完成的家务，如擦桌子、叠衣服、洗自己的衣服等，培养孩子基本的生活技能。家里新买的设备、产品的组装，家用电器的使用甚至简单维修，父母都可以带着孩子共同完成，这样既能够锻炼孩子的动手能力，也能够增强他们的家庭责任感。此外，父母也可以和孩子共同设计一些简单的艺术作品，用来装点家居生活环境，以提高家庭生活质量。有条件的父母还可以带

领孩子完成一些小的发明创造。

《中小学综合实践活动课程指导纲要》摘录

综合实践活动课程面向学生的整个生活世界，具体活动内容具有开放性。教师要基于学生已有经验和兴趣专长，打破学科界限，选择综合性活动内容，鼓励学生跨领域、跨学科学习，为学生自主活动留出余地。要引导学生把自己成长的环境作为学习场所，在与家庭、学校、社区的持续互动中，不断拓展活动时空和活动内容，使自己的个性特长、实践能力、服务精神和社会责任感不断获得发展。

第二，内容选择要开放

在综合实践活动课程的内容选择与组织上，《纲要》特别强调了自主性、实践性、开放性、整合性和连续性五个原则。针对开放性这一点，《纲要》中还明确提出了家庭、学校和社区的互动。综合实践活动课程的实施，不是学校单方面的事，需要社区、家庭的配合和协助。孩子的实践活动内容很大程度上需要父母的帮助，要依托家庭环境和社区环境来实现。

父母可以引导和启发孩子留心观察生活环境中的各种细节，结合孩子的兴趣和特长，寻找适当的实践内容。比如：从孩子的特长角度出发，有艺术特长的孩子可以参加一些文艺活动，为他人带来美的享受和快乐体验；从社会需求角度出发，父母可以引导孩子发现家中、社区环境里的一些亟待解决的问题，或者从提升居住人群幸福感的方面入手，利用孩子的智慧和创意做一些小发明、小创造，改善当前的状况；从志愿服务的角度出发，孩子可以参加一些公益活动。

第三，选择综合实践活动的具体方式

综合实践活动可以培养孩子的家庭和社会责任感，发展孩子的专注力和意志力，锻炼提高孩子的观察力和创造力。

《纲要》中提出了一些综合实践活动的具体方式，包括考察探究、社会服务、设计制作、职业体验、党团队教育活动、博物馆参观等。这就为父母指导孩子提供了很好的参考。

活动方式	具体内容	指导方向
考察探究	野外考察、社会调查、研学旅行等	引导孩子选择探究地点和研究主题，帮助孩子制订、完善具体可行的行动计划，提供必要的资金和人力、物力支持等
社会服务	公益活动、志愿服务、勤工俭学等	提供可选择的活动场所或者活动项目，帮助孩子与相关单位进行沟通联络，核实活动的安全性和可操作性等
设计制作	动漫制作、编程、陶艺创作等	引导孩子发现身边的问题，提供必要的材料支持，或专业方面的指导，有条件的父母可以陪同孩子共同完成设计等
职业体验	在实际工作岗位上或模拟情境中见习、实习	提供孩子需要的工作环境和体验岗位，帮助孩子进行前期学习和上岗培训等
党团队教育活动	参观红色基地、欣赏影视作品、观看人物事迹访谈等	帮助孩子确定目标内容，协助孩子制订详细的游览计划或采访提纲，提供先进人物的线索信息等
博物馆参观	参观博物馆、体验讲解员工作等	协助孩子制订博物馆参观计划，设计制作参观学习单等

2. 孩子可利用的社会和社区资源

社会资源

为了应对需要、满足需求，所有能提供且足以转化为具体服务内涵的客体，皆可称为社会资源。社会上有很多面向公众开放的场馆可以供孩子游览参观，体验学习。随着综合实践活动课程的推广，越来越多的单位加入儿童教育的行列，不断充实着实践活动资源单位的数量。下表为北京地区 2018 年的部分资源单位名称（选自《北京市教育委员会关于公布北京市中小学生社会大课堂第六批市级资源单位名单的通知》）。如果孩子所在的城市暂时没有相关的资源单位，父母可以参照这个表格中的分类，带孩子一起寻找相关的资源，并选择孩子喜欢的场馆进行参观和体验。

类别	资源单位
博物馆、科技馆、展览馆类	中国华侨历史博物馆、国科机器人科技馆
公园类	北京市朝阳区望和公园
影剧院、文化馆类	广德楼、北京三庆园
科研单位类	中国农业科学院国家农业科技展示园、中国科学院自动化研究所
种养殖园类	北京国际核桃庄园、宋庄生态蓝湖庄园、北京葫芦艺术庄园、北京龙湾巧嫂果品产销专业合作社、北京兴农天力农机服务专业合作社、北京硕丰磊白山药产销专业合作社
国防教育类	北京昌平砺志国防教育培训学校
综合拓展类	中华耕织文化园
体育场馆类	中社青少年社会文化基地丰台基地

续表

类别	资源单位
工厂企业类	丰台区循环经济产业园、北京汽车青少年科学素质教育实践基地、中国乐谷学生体验园
传统文化类	荣宝斋、月坛雅集传艺荟、老舍茶馆、北京永弘艺珐琅厂
高等教育类	北京航空航天大学安全教育体验馆
其他类	北京人民广播电台、北京猎鹰防暴恐技术推广中心、北京市第二中级人民法院、北京市心灵之声残疾人艺术团有限责任公司

社区资源

社区资源是社区赖以生存和发展的一切物质资源和非物质资源的统称，包括为社区居民服务的一切人力、物力、财力、文化和组织资源。

人力资源

人力资源包含居住在社区的不同职业、不同学历背景的人群资源。他们可以为孩子提供不同专业领域的指导，带给孩子不同的职业体验。同时，社区居民还可以共同组织相关的社会实践活动，父母可以带领孩子参与志愿服务等活动。

要想将这些宝贵的人力资源利用起来，促进孩子的成长，父母也需要做出适当的努力。

首先，父母应和社区的邻里构建良好的交往关系，建立彼此之间的关系网络。邻里之间的相互关照、取长补短，在客观上为孩子接触同辈群体、了解社会生活、认识各种社会现象、培养社会交往能力提供了良好的外部条件。晚饭后的社区公园散步时间、在公共健身器材区域的运动时间等，都是创建和谐邻里关系的良好时机。同时，良好的邻里关系不仅有助于社区人力资源的挖掘，还能更好地促进其他社区资源的开发与利用。

其次，父母要善于了解和利用社区成员间的不同专业特长。在同一社区里，可利用的专业特长有体育老师的运动技能、研究人员的科技知识、律师的法律法规知识、警察的防护安全技巧等。父母可以根据这些专业特长，根据职业的差别、学历的高低以及同龄孩子性别的不同，定期开展不同的社区主题活动，让孩子在休息日、节假日也能与同龄伙伴一起欢快地游戏、学习。

物力资源

社区作为一个公共空间，可以为孩子的社会实践活动提供场地及相关设施。同时，社区环境本身也是一个很好的实践课题，孩子可以在日常生活中留心观察，以社区为窗口，发现身边的社会问题并尝试解决。

高年级的孩子对社会的了解和认知都还处在懵懂的阶段，而社区就是一个社会的缩影，是一个可以让孩子切身感受的小的社会环境。首先，父母要适当鼓励和引导孩子走出家门，走进社区，了解和熟悉自己每天生活的环境，比如它的设计特色、区域分布、绿植覆盖等。其次，父母可以利用社区公告栏、小区的新变化，对孩子进行爱小区、爱家乡、爱祖国的教育。最后，父母可以协助孩子调查社区环境中存在的问题和需要改进的方面，为社区建设和环境维护贡献力量。这样一来，孩子既可以服务他人，又可以获得自我价值感。

文化资源

不同的社区由于地理位置不同、居住人群不同、周围环境不同，会产生不同的地域特色，从而形成各具特色的社区文化。如在城市中心的社区周围往往有更多的商场、超市、展览馆、博物馆、图书馆等，而居住在郊区或农村的家庭则可以让孩子欣赏更多自然风光，了解更多自然知识。充分挖掘社区的历史文化内涵，对高年级孩子来说也是很好的实践活动。

了解社区文化，有助于孩子更好地建立地域认同感，增强归属感和安全感。了解社区文化的方式有多种，可以利用节假日通过实地走访探寻社区及周边的历史文化，可以到图书馆查阅相关资料，可以借助网络资源搜集资料，可以向社区规划和建设负责人了解情况，可以对社区居住的老人进行访谈，等等。无论采用哪种方式，整个行动过程的主体都是孩子，父母应该充当辅助者和引导者的角色，在孩子没有思路的时候给他们指引方向，在孩子需要提供资源支持的时候提供助力。

组织资源

组织资源指可以推动社区服务和促进社区发展的各类组织或机构。许多社区会在每年的重大节日期间或者周末时间组织一系列的活动，父母要善于抓住教育的契机。例如：元宵节时社区组织灯谜会，父母可以带孩子赏花灯、猜灯谜，利用社区浓厚的节日气氛让孩子体验祖国的传统文化，培育孩子的民族精神；父母可以带孩子参观社区敬老院，培养孩子尊老爱幼、与人为善、助人为乐等传统美德；父母可以在植树节时带孩子到郊外植树，引导孩子了解更多保护环境的知识。

判断一个社区是否适合孩子居住，其中重要的一项考量就是社区的组织资源水平。活动的种类、数量乃至每个活动的实施方案，都能体现社区的组织资源水平。同时，父母还要及时关注社区发布的各项活动，积极带领孩子参与他们感兴趣的活动。

社区的五大资源

人力资源：能够提供知识、技能、经验或奉献自己的时间、体力为其他社区居民服务的个人或组织，包括社区居委会成员、社区骨干、社区志愿者、居住在社区的知名人士等。

物力资源：社区内有助于开展社区服务、能够促进社区发展的物质资源，包括室内外活动场地、活动设备、器材、工具等。

财力资源：可用于开展社区服务或活动的经费，包括政府购买社区服务的经费、辖区内的企事业单位赞助经费、各种社会捐赠以及活动的经费。

文化资源：社区中既有的典籍、古迹等文化遗产以及音乐、艺术等其他有助于促进精神文明建设的文化资源。

组织资源：可以推动社区服务和促进社区发展的各类组织或机构，包括基层政府，辖区内的企事业单位、社会团体、各类自助和互助的团队和小组等。

第 2 章
孩子社会能力的发展

1. 公益活动，爱心传承

　　我的儿子叫鹏鹏，今年刚上五年级。这个学期，孩子有幸上了学校开设的一门公益选修课，课程内容为孩子充当哥哥，帮忙照顾一群听障宝宝，在不同的活动场所教他们发音说话，认识世界。每次上完课后，鹏鹏都会手舞足蹈地向我讲述他身边发生的故事，自豪之情溢于言表。这引起了我的好奇心，于是借着一次家长志愿者活动的机会，我走进了孩子的课堂。

　　这次公益课的内容是带领这群小宝宝去展览馆参观。看得出，这些小宝宝已经与照顾他们的哥哥姐姐们十分熟悉了。他们在哥哥姐姐面前表现得都很放松，活泼可爱，完全没有在家长面前的拘谨和羞涩。偶尔还能看到一两个调皮或有个性的小宝宝勇敢地接受他们的哥哥姐姐们提出的挑战和考验。

　　作为随行家长，整个过程中，我在享受着孩子们带来的快乐的同时，也被孩子们的行动深深地感动着，鹏鹏的表现更是超出了我的预期。在讲解员带领大家去二楼的时候，鹏鹏不停地提醒后边的孩子们抓紧时间上楼，不要掉队。大部分孩子陆陆续续都上楼了，空荡荡的一楼展厅只剩下一个小女孩，她正围着一楼飞机前的讲解屏转来转去，丝毫没有与大家汇合的意思。我有点替鹏鹏着急，可是令我惊讶的是，鹏鹏指着小女孩对我说："妈，不用着急，她好不容易找到自己喜欢的东西，就让她玩一会儿吧。"鹏鹏正在用男孩子少有的温柔呵护着这个围着讲解屏转悠的小女孩，而且极富耐心，直到小女孩玩够了才带着她上楼。此时，大家已经转移到新的展厅，鹏鹏没有直接带小女孩去追赶大家，而是陪着她在空荡荡的展厅走廊上来回看她喜欢的东西，鹏鹏的脸上始终带着微笑。

看到这一幕，我终于明白为什么这样一门"不讲授知识"的课会成为学校最热门的选修课之一了，也更加欣慰自己的孩子愿意选择这样一门课并坚持为之努力着。这大概就是公益的力量、爱的温度了。

——一位有幸观摩公益课的学生家长

以上文字是一位观摩了学校公益课的学生家长的课后感言。仅仅一节课，就让她感受到参与公益活动对孩子成长的重要影响，也让她发现了孩子在父母面前很少展现过的另外一面：有温暖、有爱心、有耐心、有责任心……公益活动教会孩子的内容，是课本里、教室里难以教给孩子的，却也是孩子成长中不可或缺的。

在我国，关于中小学生参加公益活动、参与志愿服务的倡导并不是最近才兴起的。2010年，《国家中长期教育改革和发展规划纲要（2010—2020年）》中明确提出："加强学生社团组织指导，鼓励学生积极参与志愿服务和公益事业。"2013年，中国共产党第十八届中央委员会第三次全体会议通过的《中共中央关于全面深化改革若干重大问题的决定》中，针对深化教育领域综合改革提出了如下要求："全面贯彻党的教育方针，坚持立德树人，加强社会主义核心价值体系教育，完善中华优秀传统文化教育，形成爱学习、爱劳动、爱祖国活动的有效形式和长效机制，增强学生社会责任感、创新精神、实践能力。"2015年，教育部印发了《学生志愿服务管理暂行办法》，北京市教育委员会、北京市民政局等四家单位在此基础上联合提出了关于中小学开展志愿服务工作的意见，提出在中小学开展志愿服务课程，实现中小学生志愿服务记录信息化管理等要求。

心理学家认为，父母带孩子共同参与社会公益活动，不但可以增加孩子的社会经验，还可以增进父母与孩子之间的亲子关系，有助于培养孩子的奉献精神以及对公益事业的责任感，对社会进步也有积极的促进作用。可见，积极鼓励和引导孩子参与公益活动意义重大。作为父母，可以从哪些方面入手呢？

第一，做好带头和榜样作用

言传身教是最好的家庭教育方式，家长的正确示范就能体现榜样的力量。如果条件允许，父母可以和孩子共同参与公益活动，用自己的实际行动教育孩子。比如，父母可以利用休息时间和孩子一起清扫楼道或居住区的公共场所，捡拾公园草坪上的垃圾，或和孩子一起整理多余的衣物，并把这些衣物送到捐赠站。这个过程不仅是父母对孩子的一种引领示范过程，也是一个难得的增进亲子沟通和互动的机会，可以拉近彼此之间的距离，尤其是对于开始进入青春期的高年级孩子来说，这个机会更宝贵。同时，在亲子共同参与的过程中，父母有机会近距离观察自己的孩子，发现孩子身上的闪光点，挖掘他们的潜质，并及时给予肯定和表扬。这种"身教＋言传"的教养模式，有助于塑造孩子的优良品质。

第二，通过其他方式支持孩子参加公益活动

如果父母确实没有时间带孩子参加公益活动，可以通过其他方式支持孩子参加公益活动或为孩子参加公益活动创造便利条件。比如在孩子参加公益活动之前，为孩子提供可靠的公益组织或者公益活动信息，跟孩子一起讨论他适合参加哪些公益组织或活动。父母还可以向孩子介绍社会上助人为乐、

热心公益活动的典型人物和事例，用先进的事迹感染教育孩子；还可以帮孩子针对他们选择的公益项目制订一份具体详细的行动计划，确定某个时间段内（一个月或一个学期）的日程安排等。这样不仅可以让活动的效果更好，也便于督促孩子坚持。

第三，通过反思和总结增强孩子的收获感和满足感

参加公益活动是一个奉献爱心的过程。在实际的活动中，孩子能切身体会到帮助别人的快乐，自然就会收获成就感和满足感。但要想促进孩子自身的成长，仅靠活动的体验是不够的，还需要在活动后进行反思和总结。

反思和总结的方式有多种，父母可以引导孩子在每次活动后进行家庭分享和交流。如果孩子不愿意说出来，可以写一篇日记或随笔，还可以制订一个自我评价表，对每次自己的表现进行评价。这样做不仅能强化孩子的公益意识，还能让他们学会感恩，并鼓励他们与他人产生更多的共鸣。

正强化

正强化是指当个体做出某种行为或反应，随后或同时得到某种奖励，从而使行为或反应的强度、概率或速度增加或提高的过程。在强化的过程中，对个体反应产生正强化作用的事物称为正强化物。这一原理是通过对动物的学习研究得来的。正强化的原理常常被用来激励人们努力地学习与工作，做对社会有意义的事情，也用来帮助病人消除不良的行为和情绪。

正强化的过程可以划分为以下三个阶段：

（1）发生一个行为。

（2）随之出现刺激增加或刺激强度增大。

（3）导致行为的强化。

当孩子出现一个行为，尤其是不良行为之后，父母和老师应从正面、积极的角度给予某种刺激，从而淡化孩子的不良行为，提高良好行为出现的可能性。

许多人都知道教育家陶行知先生"四块糖果"的故事。这个故事可作为正强化的经典示例。

曾任育才学校校长的陶行知在校园里看到学生王友用泥块砸自己班上的同学，当即喝止了他，并令他放学后到校长室去。无疑，陶行知是要好好教育这个"顽皮"的学生。那么他是如何教育的呢？放学后，陶行知来到校长室，王友已经等在门口准备挨训了。可一见面，陶行知却掏出一块糖果送给王友，并说："这是奖给你的，因为你按时来到这里，而我却迟到了。"王友惊疑地接过糖果。随后，陶行知又掏出一块糖果放到他手里，说："这第二块糖果也是奖给你的，因为当我不让你再打人时，你立即就住手了，这说明你很尊重我，我应该奖给你。"王友更惊疑了，眼睛睁得大大的。陶行知又掏出第三块糖果塞到王友手里，说："我调查过了，你用泥块砸那些男生，是因为他们不遵守游戏规则，欺负女生；你砸他们，说明你很正直善良，且有批评不良行为的勇气，应该奖励你啊！"王友感动极了，他流着眼泪后悔地喊道："陶……陶校长您打我两下吧！我砸的不是坏人，而是自己的同学啊……"陶行知满意地笑了，他随即掏出第四块糖果递给王友，说："因为你能正确地认识错误，我再奖给你一块糖果，只可惜我只有这一块糖果了。我的糖果没有了，我看我们的谈话也该结束了吧！"说完，就走出了校长室。

（故事摘自《教师博览·百期精华》）

2. 有效提升与同伴的交流能力

活动1：确定起跑线

全班同学按照6—7人为一组，自愿结合，每组推荐一人为组长，每组负责一圈跑道，小组成员运用所学知识确定田径运动会400米跑项目中本组负责跑道的起跑线的位置。小组成员在组长带领下根据特长进行任务分工，通过计算、测量、画线，以及对数据的筛选、整理得出结论，撰写活动报告后进行分组汇报。

活动2：节约用水调查

通过收集、整理、分析数据，结合计量、统计等学科的知识，以及测量等操作活动，科学地认识日常生活中水资源的浪费问题，通过组内交流、分组汇报的形式学习节约用水的方法，增强环保意识。

活动3：我做小导游

在学习数对、坐标位置的知识后，开展"我做小导游"的实践活动。例如，可到学校附近的名胜古迹，采访中外游客，开展中外游客游览喜好调研。根据调研结果，利用学过的数学知识和在网上搜寻的景点信息，为游客绘制重点游览景点的坐标图，并添加中英文景点介绍。

上面三个活动都是小学高年级开展的数学实践活动。根据国家课程改革的要求，目前，小学阶段语文、数学、英语、科学、道德与法治五个学科中，都有10%的学科实践课程。

学科实践活动基本流程为：确定主题—明确任务—团队协作—动手实践—成果汇报。上述实践环节都是在小组内进行，无论是"确定主题"还是"动手实践"，每个环节都要孩子和同伴进行有效沟通、相互合作才能完成任务。因此，鼓励孩子与同伴进行积极有效的沟通和交流，提升其合作能力至关重要。

培养孩子与同伴的交流能力，需要父母有意识地从家庭教育的细节入手，让孩子掌握正确的交流技能，养成良好的习惯。

父母可以从以下几方面入手，培养孩子的沟通能力。

营造和谐的家庭氛围，让孩子"敢说话"

父母可以将"天下大事我评说"或"对话"作为家庭特色活动，家庭成员在固定时间里就某件事情交换意见。可以结合头脑风暴等方法，建立家庭对话的规则，让孩子敢于表达自己的观点，不怕被批评和嘲笑。在家中能够敢于表达的孩子，走向社会后，也会拥有表达自己观点的勇气。

激发兴趣，让孩子"想说话"

通过亲子间分享具体的故事或案例，激发孩子与人沟通交流的兴趣。

以身示范，让孩子"会说话"

"会说话"是"会沟通"的表现，主要分为两部分：

一是有效表达自己的想法，包括表达完整、逻辑清晰、用词恰当、言简意赅。父母和孩子沟通时要用词准确、表达连贯、条理清楚，还要有意识地引导孩子在日常交流中运用完整、简练的语言表达自己的想法，避免出现说半句话或语句不连贯的情况。在生活中可以让孩子描述做某件事（如洗衣服、擦地等家务劳动）的过程，或是描述对一件事的思考过程，以此作为练习。

二是学会倾听，包括不随便打断他人讲话，在他人讲话时不随便插话。当自己表达完某个想法时，给对方时间和机会表达其想法和感受。

为引导孩子学会倾听，父母要成为倾听的示范者，在家庭谈话中不插话、不抢话，让孩子完整表达自己的观点。

创设情境，提供平台，让孩子"有机会说"

父母要多为孩子提供与他人交流的机会。生活是人际交流的基础，孩子正是在生活中不断与他人交流思想，形成交往能力。父母可以在家中利用角色扮演的形式，让孩子体验不同的社会角色，从而站在不同角度分析、处理问题；父母还要努力创设机会，鼓励孩子积极参与社区活动、社会实践，拓宽孩子交往范围，多给他们交流的空间和自由。

维果茨基的"最近发展区理论"把学习者与教育者、学习者与同伴之间的活动视为学习者发展的社会源泉，因为学习者是通过与拥有较高能力的人的互动活动的实践中进行学习的。父母应利用各种方式提升孩子的沟通能力，让孩子受益终生。

拓 展 阅 读

维果茨基（Lev Semenovich Vygotsky，1896—1934）是 20 世纪初苏联心理学家和教育家，也是心理学思想中社会文化历史学派的创始人。

语言的认知发展功能[1]

维果茨基认为，语言对儿童的认知发展具有两方面的功能：其一是在文化传承中，成人将生活经验和解决问题的思维方法经由语言传递给儿童；其二是儿童以学得的语言为工具，用于适应环境和解决问题，从而促进以后的认知发展。基于此义，维果茨基认为，语言与思维的关系是，前者为因，后者为果；此因果关系说明了语言具有促进儿童认知发展的功能（Vygotsky，1962）。

---

1 张春兴. 心理学原理［M］. 杭州：浙江教育出版社，2012：298.

3. 家国情怀——游学路

弘扬爱国主义精神，必须尊重和传承中华民族历史和文化。对祖国悠久历史、深厚文化的理解和接受，是人们爱国主义情感培育和发展的重要条件。

——2015年12月30日，习近平在中共中央政治局第二十九次集体学习时的讲话

广大家庭都要把爱家和爱国统一起来，把实现家庭梦融入民族梦之中，心往一处想，劲往一处使，用我们4亿多家庭、13亿多人民的智慧和热情汇聚起实现"两个一百年"奋斗目标、实现中华民族伟大复兴中国梦的磅礴力量。

——2016年12月12日，习近平在会见第一届全国文明家庭代表时的讲话

要爱国，忠于祖国，忠于人民。爱国，是人世间最深层、最持久的情感，是一个人立德之源、立功之本。孙中山先生说，做人最大的事情，"就是要知道怎么样爱国"。我们常讲，做人要有气节、要有人格。气节也好，人格也好，爱国是第一位的。我们是中华儿女，要了解中华民族历史，秉承中华文化基因，有民族自豪感和文化自信心。要时时想到国家，处处想到人民，做到"利于国者爱之，害于国者恶之"。爱国，不能停留在口号上，而是要把自己的理想同祖国的前途、把自己的人生同民族的命运紧密联系在一起，扎根人民，奉献国家。

——2018年5月2日，习近平在北京大学师生座谈会上的讲话

没有国家繁荣发展，就没有家庭幸福美满。同样，没有千千万万家庭幸福美满，就没有国家繁荣发展。我们要在全社会大力弘扬家国情怀，培育和践行社会主义核心价值观，弘扬爱国主义、集体主义、社会主义精神，提倡爱家爱国相统一，让每个人、每个家庭都为中华民族大家庭作出贡献。

——2019年2月3日，习近平在2019年春节团拜会上的讲话

家风家教是一个家庭最宝贵的财富，是留给子孙后代最好的遗产。要推动全社会注重家庭家教家风建设，激励子孙后代增强家国情怀，努力成长为对国家、对社会有用之才。

——2022 年 6 月 8 日，习近平在四川考察时的讲话

学校重视开展游学活动，相关教育部门也在不断推进游学旅行的科学化、规范化和系统化。事实上，游学活动并不局限于学校或机构组织的大规模行动，也可以由一个家庭或者几个家庭共同组织。如果是一家人或者几个家庭自行组织的游学活动，父母在帮助孩子计划一次有意义的游学活动时，应时刻谨记游学的目的和重点是让孩子在体验和感受的过程中接受教育。因此，游学活动要有一定的计划性和主题性。

第一，孩子是游学活动的主体

无论是在活动的前期准备上，还是在游学过程中，父母都应将孩子视为游学活动的主体，要尊重和优先考虑孩子的需求和意愿，听取孩子的意见，不能为了减轻孩子的"负担"而大包大揽地计划好一切后再通知孩子。比如活动地点的选择，父母应首先咨询孩子的意见。一般来说，孩子对自己想去的地方都有一定的认知基础，这样游览起来自然看得更仔细，想得更深刻，玩得更开心。如果孩子一时没有想去的地方，父母可以列出一些备选地点供孩子参考。再比如活动计划的制订，全家人可以以家庭会议的形式共同协商，也可以分工合作，每个人负责一部分的内容，最后汇总确定最终方案。总之，计划制订的整个过程要让孩子有充分的参与感。

第二，父母在尊重孩子的前提下适度把关

游学的内容，一方面可以参考孩子近期的学习内容，将与之有关联的主题作为游学活动的参考选项，比如学过的古诗词中对某个景点的描写、教科书上对某个自然现象的解读等；另一方面还可以根据孩子的兴趣特长来选择，

比如喜欢绘画的孩子可以考虑参观画展或者艺术馆，喜欢读书或者写作的孩子可以考虑游览文人的故居，等等。此外，还可以围绕当前的社会热点问题、历史文化问题、环境保护问题等进行考察探究。

第三，制订详细可行的游学计划

游学计划应包括出行的具体时间、目的地、交通工具、行程安排、住宿情况、景点介绍、特色美食等。游学计划的制订务必要征求孩子的意见，同时父母要考虑客观条件的限制和操作的可行性。

第四，明确游学的目的

游学与单纯旅行的区别就在于它需要有明确的目的，比如去参观侵华日军南京大屠杀遇难同胞纪念馆，是为了追忆和铭记这段沉痛的历史，以史为鉴，珍爱和平。因此在出行前，父母要引导孩子明确本次游学的目的，并在制订的计划中体现游学的目的。同时，为了让出行的目的得以真正实现，父母还应该和孩子一起提前做好功课，比如通过上网查阅资料或去图书馆翻阅图书等方式，了解游学相关内容背后的历史文化。

第五，及时总结

整个游学过程中，父母要鼓励孩子用眼睛看、用笔记录、用大脑记忆、用心感悟，以便游学结束后进行总结。总结是对整个活动进行提炼和升华的环节，也是真正让孩子有所触动、促进其成长的环节。这一环节必不可少，并且需要趁热打铁及时完成。总结的形式可以是多样的，如日记、随笔、绘画、诗歌等，并且游学总结不应只让孩子做，父母也应该参与其中，与孩子分享心得体会。总结的过程也是孩子进一步受教育的过程。

游学精髓当在知行合一（节选）

何谓"游学"？传统上，游学是游学者游历四方、寻师求学、传播思想的文化活动。人有恒言曰："百闻不如一见。""读万卷书不如行万里路。"游学之益在于体验，人世间有些知识，有些情感，有些体会，非亲历其境不能得其益，游学的必要性就在于此。

游学传统由来已久，早在《史记·春申君列传》中，就有"游学博闻"之语。孔子周游列国，历时十余年，行程数千里，历经艰难险阻，一边宣传自己的政治主张，一边带领弟子读书、体验山水、感悟人生，并将一路的所闻、所见、所感记录下来。孔子死后，其弟子及其再传弟子把孔子及其弟子的语录进行整理，编成《论语》，传诵至今。司马迁从20岁起就漫游祖国各地，到处寻访古迹，采集传说，行迹所至，殆遍宇内。壮阔的游记，不仅开阔了眼界，增长了阅历，而且壮丽山水中的灵气，也赋予了他"疏荡颇有奇气"的文风，为他写下"史家之绝唱，无韵之《离骚》"的《史记》打下了坚实基础。一直到明代的徐霞客、清初的顾炎武，这种传统代代相传，成就了中国古人知行合一的优良士风。

随着时代的进步和教育的发展，教育形式越来越多样化。曾经，游学这种教育形式因费时、费力、费钱等缺点的存在，加之社会各方担心学生在游学过程中会受到意外伤害，一度有被搁置的趋势。2016年末，教育部、国家旅游局等11个部门联合发布《关于推进中小学生研学旅行的意见》，明确把"研学旅行"纳入中小学教育教学计划，该意见的发布和实行使游学获得了制度保障，在一定程度上可以帮助其扫清障碍，解除后顾之忧。

（作者：翟力）

4. 职业教育，模拟体验

小航今年上五年级了，他从小就对火车、地铁这些交通工具十分着迷。小的时候，每次爸爸妈妈带他去坐地铁、火车，他都特别兴奋，无论车厢里多么拥挤，对他都没有影响，他总是睁着一双大眼睛看来看去。随着年龄的增长，小航也有了独自活动的机会。每逢周末，他就背上自己的生日礼物——单反相机，去地铁站、火车站拍一拍来来往往的车辆和人群。

看小航对地铁如此痴迷，爸爸准备利用寒假带他走访一些相关的专家和工作人员，和地铁进行一次深度接触。得知这个消息，小航激动得一下子跳起来，他早早就利用各种渠道查阅资料，做好准备。当小航走进地铁驾驶员的车厢，看着面前巨大的操控台，听着叔叔为他讲解驾驶地铁的技巧、地铁的运行方式、变轨的原理时，小航的脑海里像是打开了一扇新的大门。

回到家后，他再次上网查阅资料，去图书馆借阅图书，认真整理笔记……寒假开学后，一场题为《地铁里的小秘密》的精彩汇报给全班同学留下了深刻的印象。

在《中小学综合实践活动课程指导纲要》（以下简称《纲要》）中，职业体验被明确地列为综合实践活动的四种主要方式之一。《纲要》中对职业体验的界定为："职业体验指学生在实际工作岗位上或模拟情境中见习、实习，体认职业角色的过程，如军训、学工、学农等，它注重让学生获得对职业生活的真切理解，发现自己的专长，培养职业兴趣，形成正确的劳动观念和人生志向，提升生涯规划能力。"

说到职业体验，就不得不提到对孩子职业生涯规划的教育。随着新高考改革的逐步推行，职业生涯规划教育渐渐走进大众的视野，得到越来越多的重视。目前国内许多中学，尤其是高中学校，已经开设职业生涯方面的课程。对孩子的职业生涯规划教育其实在小学就应该开始，国外有很多值得我们借鉴的经验，比如新加坡将职业体验项目纳入小学生职业生涯指导的课程当中，美国孩子从 6 岁开始就要接受职业体验的教育。虽然我国没有明确提出小学阶段必须要进行职业生涯规划教育，但父母应该有意识地给孩子提供相应的教育，使他们能更好地规划自己的未来。

第一，带孩子体验不同的职业

按照金斯伯格的职业生涯发展理论，从儿童时期到青少年时期，职业生涯的发展分为幻想期、尝试期和现实期三个阶段。小学高年级的孩子大多处于职业幻想期，他们能从外界感知到各种职业，对于自己觉得好玩和喜爱的职业充满幻想并愿意模仿。在这一阶段开展职业体验活动，以理解并遵守公共空间的基本行为规范、初步建立自我与职业之间的关系为目标，主要从学生身边对技能要求较低的职业选择体验岗位，了解职业的基本环节和流程。①《纲要》中推荐的"实际岗位演练"这一开放性主题，意在让孩子通过初步体验职业，感受不同职业的劳动，体会各种职业劳动的艰辛，培养尊重别人劳动成果的意识，体会劳动创造幸福生活的内涵。

父母在帮孩子选择职业体验内容时，可以从最贴近孩子日常生活的职业入手，如家人的职业，选择孩子最熟悉、最贴近的职业群体作为起点，再慢慢向外扩展，比如在周边商场、图书馆、环保局等单位体验理货、整理图书、打扫卫生等工作。尽量选择多种不同的职业，让孩子全面、客观地体验职业活动，感知职业内涵，感悟职业素养，获得职业认知。

第二，明确职业体验的目的

作为一种体验式学习，小学生进行职业体验的目的并不是掌握一门职业技能，而是在直接参与职业活动的过程中，开阔眼界，获得真切的职业认识与情感体悟。因此，父母对孩子提出要求和进行评价时，不应该把重点放

① 黄琼. 中小学职业体验活动要抓住关键要素——《中小学综合实践活动课程指导纲要》"职业体验"主题解读 [J]. 人民教育，2018（Z1）：69-72.

在某个技术动作掌握得是否熟练上，而是要让孩子在不同的职业体验中寻找他们感兴趣的内容，进而从自身兴趣、能力、价值观及人格特征等角度形成正确的劳动观念。因此，在孩子进行职业体验的过程中，父母要及时与孩子沟通，了解他们一天的活动和感受，并抓住契机对孩子进行价值观的引导和教育。

第三，引导孩子及时进行总结

同其他实践活动一样，职业体验的最终落脚点也要放在孩子的总结和反思上。这里的总结和反思，除了一些常规方式之外，父母还可以引导孩子根据自己的体验撰写一篇调研报告或者小论文，并鼓励孩子尝试发表，或者在班级、学校进行分享交流。这样的形式不仅可以更好地实现职业体验的教育效果，也能够培养孩子科学研究的意识与能力。

5. 社会实践，大胆放手

小学生的"洗车 O2O"

有些父母不重视暑假作业中的"社会实践"，认为会浪费孩子的学习时间，福州五年级小学生黄天澄则把"社会实践"做成了自己的洗车生意。

"您要做更重要的事，洗车交给我们吧。小学生暑期社会劳动实践，10元/次。"海报上不仅有洗车生意的品牌"星澄"，还附有接单的收款二维码。这张海报在天澄爸爸的朋友圈一发出来，就被叔叔阿姨们大量转发，大家都感叹："连小学生都'互联网＋'创业了。"

一直都喜欢汽车并且常在家里洗碗的黄天澄，想到将给邻居洗车作为自己的社会实践。在互联网公司工作的黄爸爸欣然支持了儿子的想法："正好让他通过这种实践方式，感受一下创业的艰辛。"

在爸爸的启发下，一家三口成立了"股份公司"，进军所在小区的洗车市场。作为主要劳动力的儿子出任"技术总监"，占40%的"股份"；帮忙设计和发布广告海报的爸爸是"营销总监"，也占40%的"股份"；负责记账的妈妈是"财务总监"，占20%"股份"。方案初定，天澄觉得自己有点吃亏，就对妈妈说："妈妈记一下账就有20%的股份，太多了。"简单谈判之后，妈妈大方地让出了自己的"股份"，洗车的收入全部交给天澄和爸爸。

为了展开生意，父子俩对小区的业态环境做了简单调查："我们小区对面的洗车房，一年650块钱随便洗。跟他们比，我们有价格优势。"从小区保安那里打听到的数据让天澄欢呼雀跃。"小区一共有380多辆车，如果你一个人全洗一遍，就能赚3 000多块钱！"爸爸为儿子描绘市场前景。

受旅行时住过快捷酒店的影响，天澄打算给自己的洗车公司起名叫"快捷洗车"，后来在爸爸"要有个性"的建议下，公司正式定名为"星澄"。

身为互联网公司的产品经理，天澄爸爸将时下流行的O2O概念融入了儿子的社会实践。天澄爸爸谈道："我在朋友圈发出了海报，北京的好多朋友都点了赞，还有人开玩笑地叫他到北京去洗车。"

海报"面市"当天，就有天澄同校的学生家长发来私信："你们招员工吗？我儿子一年级，可以让他跟你们一块儿……"天澄爸爸询问儿子的意见，生意还没开张的天澄表示暂不考虑。

"他还没有叫小朋友一起做生意的意识。我觉得还是随他自己的想法，目前没必要做太多引导。"天澄爸爸笑言。

天澄的第一单生意来自爸爸的朋友。周日，天澄带着妈妈"认真干，别把人家车搞坏"的嘱咐，在爸爸的陪同下，完成了自己的第一单洗车生意。他表示：10块钱赚得挺辛苦。

"我跟他商定只在周末接单，我会陪着他去，也算是亲子活动。"天澄爸爸觉得，事情进行到现在，自己也颇有收获，"如果不一起做这件事，我跟他不会有这么多的沟通。"

第一单生意完成后，父子俩约定，在天澄18岁之前，所有的洗车收入都归儿子。天澄爸爸表示："我支持他利用业余时间'创业'，钱让他自己攒起来。"

故事中的父母对孩子参加社会实践活动的态度以及具体的行为方式，都值得大家借鉴和学习。

随着《纲要》的颁布，参与社会实践活动在学校层面得到了大力推广，但很多父母对此并不持肯定态度。任何一个政策的推广和普及都是一个漫长的过程，都需要不断地完善和修正，孩子的社会实践活动也是如此。父母只有抱着开放的态度，用积极的心态，放手让孩子大胆尝试，才能使孩子获得真正的收获和成长。

第一，谁参与谁受益

同在一个班级的学生，老师布置相同的实践任务，孩子的完成情况却可能有很大的差异，他们在这个过程中的收获也可能大不相同。对孩子而言，社会实践活动不同于他们在教室听老师上课，也不同于他们在课余时间翻阅书籍、浏览网页，它对孩子的教育更多依靠孩子参与体验，让孩子通过亲身感受和不断反思来收获成长，所以它是一种"谁参与谁受益"的活动。孩子只有认真准备、投入体验，才能够从中受益。

第二，父母的态度直接影响孩子的行为

高年级的孩子正处于自我意识逐渐变强、认为自己可以独立解决很多问题的阶段，他们对社会充满好奇，并试图尝试与社会初步接触，因此大多数孩子愿意参与社会实践活动。此时父母的态度直接对孩子产生巨大的影响。持有否定态度的父母主要有以下三种不同的情况：第一种，直接拒绝和否定，认为参加实践活动是浪费时间。这样的父母直接剥夺了孩子参与实践活动、

获得成长的权利和机会。第二种，表面上不否定但态度不积极，不主动给孩子提供信息或帮助。持有这种态度的父母，即便他们并没有亲口告诉孩子自己的真实想法，但不作为的表现也会影响孩子参与的积极性。毕竟这个阶段的孩子能力有限，离开父母的帮助和指导，他们很难独立完成一次社会实践活动。第三种，敷衍了事。有些父母为了省事直接代劳，杜撰一份实践报告或者证明向老师交差，这不仅剥夺了孩子接触社会、提升自我的机会，同时还对孩子产生负面影响，影响他们今后独立处理问题的态度和方式。

第三，社会实践的内容要符合孩子的年龄特点和能力水平

有些父母在平时指导孩子的过程中，总是会不自觉地用成人的标准来要求孩子，尤其是自身文化水平较高、个人能力较强的父母。根据维果茨基的最近发展区理论，父母要通过了解孩子的实际情况，找准孩子的"最近发展区"并设定目标，这样才能事半功倍，促进孩子的成长和发展。如果目标设定得过高，超出了孩子可以达到的水平，不仅不能顺利实现目标，还会给孩子带来挫败感，产生额外的心理压力。

选择孩子感兴趣的活动内容

在帮助孩子选择实践主题时，父母要考虑到高年级孩子的年龄特点，以及他们刚刚开始接触社会这一事实，在他们感兴趣的话题内开展实践活动。

下表中列出了一些适合高年级孩子的考察探究活动的推荐主题。

考察探究活动推荐主题及其说明

序号	活动主题	简要说明
1	节约调查与行动	通过访问、调查、实地考察等多种方式，了解家庭（或学校、社区某些场所）的水（或电、粮食等资源）的浪费情况，设计有针对性的节约方案 开展节约（合理用电、光盘行动、减少一次性用品使用）倡议与行动，并记录、分析效果，提高实践能力，增强节约资源意识

续表

序号	活动主题	简要说明
2	跟着节气去探究	结合二十四节气，观察身边的植物、动物、天气等物候变化。长期坚持，认真做好记录，并尝试编制当地的自然日历，理解农业生产与物候变化的关系。关注自然现象，探索自然变化，培养严谨求实、一丝不苟的科学态度
3	我也能发明	观察、分析、讨论日常生活中各种用品使用过程中的问题。学习和运用发明创造的多种方法，针对发明创造对象进行功能改进或重新设计，并在实际生活中加以应用和检验，提高动手能力，培养创新精神
4	关爱身边的动植物	观察身边常见的动植物，如校园植物、家庭（社区）宠物、大自然中的昆虫、农田中的动植物等。选择其中一种或多种进行实验、分析与研究，了解其自然特征（习性）并自觉加以保护，增强关注自然、热爱自然的情感，提高科学探索能力
5	生活垃圾的研究	搜集资料，了解国内外垃圾分类和处理的有关内容，调查、了解身边各种生活垃圾的处理方法。分析针对现状问题可采取的有效措施，设计家庭（学校、社区）垃圾箱和垃圾有效分类回收的方案，增强环境保护意识
6	我们的传统节日	结合时令，选择端午节、中秋节、重阳节、春节等一个或几个传统节日，利用搜集资料、访问、实地考察等方法，了解节日的来历、习俗等 参与体验该节日的1—2种习俗，并进行交流分享，增强对传统文化的探究意识和认同感
7	我是"非遗"小传人	了解非物质文化遗产的种类、特点、保护现状（如二十四节气等），访问本地非物质文化遗产传承人 讨论传承和保护非物质文化遗产的方法、措施和建议，开展非物质文化遗产的传承活动。理解、认同家乡传统文化，并乐于传承
8	生活中的小窍门	通过资料搜集、调查、实地考察等方式了解各种生活小窍门，通过动手实验加以验证，设计宣传方案。丰富生活经验，锻炼动手实践能力

序号	活动主题	简要说明
9	零食（或饮料）与健康	调查、交流同学们吃（喝）零食（饮料）的现状 通过查阅资料、访谈了解其对健康的影响，了解科学选择零食（饮料）的方法 动手制作1—2种健康零食（饮料），并召开班级展示分享会，增强健康饮食的意识
10	我看家乡新变化	通过调查、访问、参观等多种方式，了解和感受家乡在经济、文化、建筑、交通、生活方式等方面的变化与发展，用摄影、绘画、手抄报、作文等多种形式，展示家乡新变化，增进知家乡、爱家乡的情感，增进建设家乡和祖国的责任感、使命感
11	我是校园小主人	通过观察、访问、实地考察等方式，了解和分析校园的自然环境、规划布局、设施设备、文化景观、文化活动以及安全保障等方面的状况，提出校园建设和发展建议，增进知学校、爱学校的责任感
12	合理安排课余生活	通过调查和了解同学们在学校课间、放学后、假期等时间的生活安排情况（如运动健身、业余爱好等） 分析合理安排课余生活的方法与要求，制订合理利用课余时间的计划，开展有意义的课余活动，体验并记录活动感受，养成健康的生活习惯，增强自我管理意识
13	家乡特产的调查与推介	通过资料搜集、访问、实地考察等多种方式，了解和调查家乡的特产 设计与策划推介方案，增进热爱家乡、关心家乡、建设家乡的感情
14	学校和社会中遵守规则情况调查	搜集信息，了解学校和社会中的各种规则，如校规校纪、交通规则、公共文明行为准则等，增强遵规守纪意识 观察同学和社会公民在遵守规则方面的实际表现 通过访谈或问卷调查等方式了解人们遵守规则的情况 针对观察、调查中发现的实际问题，提出提高人们规则意识的建议

续表

序号	活动主题	简要说明
15	带着问题去春游（秋游）	在春游（秋游）外出考察前，利用网络、书籍等多种途径，了解所去场所的基本情况、资源内容与特点，提出要研究的问题，设计考察方案 通过任务驱动的方式，有效开展实践活动，获得研究结论。培养项目设计的意识和能力，积极参与校园生活，增强团队合作意识

做好充分的前期准备

在孩子参与实践活动或进行社会调查前，父母应该事先预测孩子可能会遇到的问题及引发的后果，并提前和孩子进行沟通，做好充分的准备。在孩子实践前，父母还要考虑他能调动和利用的资源，包括人力资源和物力资源。有些任务依靠孩子一个人很难完成，可能需要父母的协助。这些都需要父母事先做好评估。比如，父母可以鼓励孩子约三五个同伴一起完成，因为来自同伴之间的鼓励与交流能更好体现社会实践活动的意义。在孩子遇到问题时，父母要引导他们想办法克服困难、解决问题，避免产生过多的负面情绪。同时，当孩子有所进步时，父母要及时给予孩子鼓励。因为父母的及时肯定会让孩子感受到自己的努力付出有了成效，并从中获得新的动力，进而继续努力。

根据孩子的能力水平设定相应的任务

设置孩子参与实践活动或进行社会调查的任务难度系数时，父母也要考虑高年级孩子的年龄特点和能力水平。比如孩子进行了一次节约用水的调查研究，在最终撰写调查报告的时候，父母可以辅助孩子建立调查报告的简单框架，然后让孩子在框架下填写具体的内容。如果父母再要求孩子运用某些专业的分析软件，呈现一份严谨完善的调查分析报告，显然这个任务就超出了孩子的能力范围。

第3章
孩子社会活动的几个方面

1. 社会实践活动不是浪费时间

素质教育推广至今，社会实践已是众多小学生暑期的"必修课"。为了让孩子们度过"开心而充实"的假期，老师和父母们都花了不少心思。不过，众多丰富多彩、看上去"开心而充实"的实践项目，在真正的实践中，未必是写在作文里汇报给老师的样子。

"分好几块儿呢！""可复杂了。"说起女儿的暑期社会实践，小学生芮芮的父母同时感慨："要观察调研身边的社会问题，比如城市交通，写自己的看法，感觉像小论文。""要参加与环保有关的活动。""还有回社区报到，参加社区的活动。"……

还好暑假刚开始，芮芮有大把时间可以按照学校给出的"提示"来充实自己的暑假生活计划。而对于这些丰富多彩的社会实践，芮芮的爸爸妈妈有自己的看法。

"对社会问题进行观察调研，还要形成自己的看法，感觉更适合初中生。她现在这个年纪，如果没有大人的充分'指导'，很难有什么发现，更别说要做得好。"几天下来，芮芮和爸爸妈妈都还没想到方向。

而参加社区活动，让一家三口觉得像鸡肋，芮芮妈坦言："最主要的环节就是去社区盖个章。"

芮芮家所在的社区为小朋友们安排的暑期活动通常是观看交通、消防等主题的安全教育片。芮芮妈认为："这种片子在家或者在学校看都行，这方面的知识之前都了解过。但是为了盖章，必须去看一下！感觉就是走个形式，跟'回社区'没什么关系。当然，这样我们家长也省事儿。"

芮芮爸觉得，这么说有点冤枉社区的工作人员，他谈道："可能暑假天太热，不好搞活动，寒假倒是组织去过敬老院。"但那一次，却是爸爸妈妈图省事，觉得大老远跟着跑一趟太麻烦，干脆买上几副春联送到社区，请工作人员转交，算是尽一份"心意"。"而且这种活动就去半天，对孩子没有什么意义。"芮芮妈补充道。

芮芮爸在一所高校任教，在他的印象里，附近最有创意的小学生社会实践活动，是社区组织孩子到他们学校的实验室参观。芮芮爸认为："想法挺好，但是因为来的孩子特别多，时间也短，没办法动手操作，只能走马观花地看一遍，很难有什么收获。"

而最让芮芮妈不理解的社区活动，则是前几年的一次扫雪。她说："孩子那么小，她都扫不动，纯粹是去意思一下。"

（摘自《北京晚报》，有删减）

随着国家政策不断出台，社会导向和学校教育的相应变革，通过参加社会实践活动来提升孩子的综合素质逐渐成为一种潮流和趋势。然而在实施的过程中，像芮芮的爸爸妈妈一样，对孩子参加各种社会实践活动抱有疑问态度的家庭并不在少数。产生这种现象的原因是多方面的，有学校层面对于社会实践调查类活动或课程设置得不合理，也有家庭教育的某些误区，以及父母对于孩子参与社会实践或调查活动目的的不理解甚至歪曲认知。那么如何正确地看待孩子的社会实践活动呢？国家政策鼓励下的社会实践活动的益处在哪里呢？

社会实践活动的推广符合当前国家对学生核心素养的培养目标

《纲要》中指出，中小学综合实践活动课程以培养学生综合素质为导向，着力发展学生的核心素养，特别是社会责任感、创新精神和实践能力。除此之外，学生核心素养的其他几个方面也都可以在孩子参加社会实践活动的过程中得到不同程度的锻炼。例如：人文底蕴，可以通过游览各地名胜古迹、参观博物馆等活动来培养；科学精神、创新科研意识，主要包括理性思维和批判思维的培养，可以在完成社会实践调研的过程中获得锻炼；学会学习，重点强调乐学善思和勤于反思的能力，思考和反思的部分正是孩子参与社会实践活动的最后一步……

社会实践活动的培养目标与高考改革的方向一脉相承

近年高考作文题目"关键词"中出现"广场舞、中华美食、长城、共享单车、空气污染、美丽乡村、食品安全"等，这些词语都更加贴近社会，贴近生活，并且每一个词语的背后都可以延伸出相应的社会实践活动主题。从高考改革和高校招录的整体趋势来看，最核心的变化就是从单纯的学科成绩拓展为个人综合素质的全面考评，而社会实践活动本身就是一个学科融合的过程，也是帮助学生用实践检验知识，让知识回归生活的过程。

社会实践活动和学生的学科课程紧密相连

《纲要》中指出，"综合实践活动是从学生的真实生活和发展需求出发，从生活情境中发现问题，转化为活动主题，通过探究、服务、制作、体验等方式，培养学生综合素质的跨学科实践性课程"。社会实践活动的主题大多来源于学生在学科课程中的所学所思，而在真正参与社会实践活动的体验过程中，他们也在不断调动自己在学科学习中已获得的各种知识、掌握的各项技能，通过综合运用的方式服务于自己的实践活动，而这种方式也正是当前我们在学科教学中极力推崇的"把课本知识学活""在做中学"，而不是一味地"纸上谈兵"。

2. 在孩子的实践中，父母的角色是什么

随着国家整体教育水平不断提高，对学生培养目标不断延伸，当前社会越来越重视孩子的素质教育、综合能力发展，许多父母开始对孩子的教育产生新的困惑。过去孩子的学习主要是学课本知识，学得好或不好凭借一张张试卷就可以作出评价，而现在提倡的综合素质反而让父母找不到抓手；过去孩子的作业多是听说读写、计算应用，孩子基本上可以独立完成，而现在老师布置的各项社会实践活动、调查研究需要父母参与，令父母感觉付出的努力比自己过去上学时还要多。

宁宁妈妈最近十分头疼。这个学期孩子升入六年级，孩子学业负担的加重无形中给妈妈增添了不小的压力。同时，学校又大力推进综合实践课程的建设，几乎每个周末孩子都会被安排一项实践作业。完成这些任务耗费的时间远远多于完成一张试卷、一篇作文的时间。每个周末，为了帮孩子节约时间，她都要绞尽脑汁地想点子，有时甚至亲自上阵做任务、写报告……寒假马上就要来了，看着孩子带回来的假期任务单，宁宁妈妈感觉眼前一黑，几乎每个学科都设计了一个综合实践类的小课题，孩子的作业就像一座大山压得她喘不过气。

如何对待孩子的实践作业，也许不仅仅是宁宁妈妈的烦恼，而是很多父母的共同困扰。新的时代需要新的教育形式，作为父母当然也需要与时俱进，不断突破自己，这是一个亲子共成长的过程。父母应该在孩子的社会实

践活动中扮演什么角色，才能更好地和孩子一起享受社会实践活动带来的乐趣呢？

第一，陪伴者

在孩子参与社会实践活动的过程中，父母应该给予他们充分的关注和陪伴。父母的陪伴可以通过各种不同的形式表现出来，比如：身体上的陪伴，父母和孩子共同完成某个活动，让孩子感受到身边亲人的陪伴；时间上的陪伴，孩子参加社会实践活动时，父母在同一个空间做自己的事情，创设互不打扰的亲子时间；精神上的陪伴，关注孩子在社会实践活动过程中的心理状态，及时给予他们肯定和鼓励，对孩子正在做的事以及他的行为表现给予充分的尊重和支持……无论给予孩子哪种形式的陪伴，父母都应该是孩子活动中的"帮手"，不能越俎代庖。

第二，引导者

在和高年级孩子沟通时，父母千万不要做高高在上的"指导者"，而应该是"引导者"，和孩子互动。指导者，即不断给孩子下指令，强迫孩子按照父母的标准行事。久而久之，这很可能加重孩子的逆反心理。引导者，则以开放式的态度聆听孩子的心声，体会孩子的需要，鼓励孩子表达内心的感受，并且以平等的态度去探究孩子的想法。

高年级孩子刚刚开始接触社会，无论是知识储备还是心理发展都不够成熟，而社会实践活动对孩子的综合素质能力要求较高，因此父母的引导作用显得尤为重要。一个好的引导者，应该给予孩子充分的自主空间，在做与孩子相关的决定时征询孩子的意见，而不是大包大揽，一切都由自己一手操办。同时，父母还要时刻关注孩子的状态，在他们需要的时候主动给予帮助。在交流过程中，不论情绪是快乐还是悲伤，都应该试着彼此分享，从对话交流中建立亲子互信互赖、互相尊重的相处模式。

第三，监督者

这里所说的监督并不是让父母时刻盯着孩子，纠正他们的错误行为，而是在孩子参加社会实践活动的过程中，辅导孩子制订计划，同时督促孩子按照计划完成设定的目标，最重要的是督促孩子在活动结束后及时总结和反思。

在监督中，如果发现孩子在某方面出现问题，父母尽量不要直接批评或立刻要求孩子改正，可以从侧面入手，引导孩子自己发现问题，进行调整。比如为了督促孩子更好地参与社会实践活动，父母可以和孩子共同制作一份计划清单，张贴在家里的公共区域。当发现孩子没按计划完成任务时，父母应适当提醒孩子："昨天的任务还没有打卡哦，是不是漏掉了？"如果想让孩子及时反思和总结，也不要直接跟他说"快去写一篇活动感想"，而是通过一次亲子交流来实现。比如可以问一问孩子："这次活动中，你对自己最满意的地方是什么？哪个时刻是最困难的？这次活动中，你对自己有什么新的认识吗？"……在一问一答中，孩子的总结和反思就已经开始了。

第四，践行者

在陪伴、引导、鼓励、监督孩子完成某一项社会实践活动或者某一次社会调查的过程中，父母不仅是孩子实践的旁观者，同时也应该成为这项实践活动或调查的参与者和践行者。作为社会实践活动的践行者，父母可以和孩子共同完成某一项社会实践活动，共同进行某一个社会调查研究，还可以和孩子在同一时间各自完成符合个人需求、意愿和能力水平的活动。比如孩子要完成一次关于家乡文化特色的调查研究，父母可以尝试完成一次推动家乡文化产业的发展和传承的活动。

3. 孩子的人生不是你的人生

有一种父母，他们把自己的大部分时间、精力放在孩子身上，事事为孩子包办，事事为孩子解决，把孩子的人生当作自己的人生。这种父母被称为保姆型父母。孩子是独立的个体，他们有选择自己人生的自由。父母应该成为孩子人生道路上的引领者而不是控制者，应该给予孩子更多的爱而不是干涉。希望父母们通过思考下面这几个问题，更好地寻找教育孩子的方法。

问题一：如何理解"孩子是父母生命的延续"？

我们常会听到类似"孩子是父母生命的延续"的表达，在生活中也经常见到子承父业的例子。受遗传因素的影响或家庭环境的熏陶，有些孩子确实可以沿着父母的人生轨迹继续走出精彩，但是所有成功的案例都基于一个共同的前提——孩子的自主选择。如果违背了这个前提，父母只是单纯地将自己的希望寄予孩子，或者把自己认为正确的选择强加给孩子，结局往往不会很美好。

一位母亲一心希望自己的女儿长大后能成为一名音乐家，所以她不断给孩子报各种声乐班，每天风雨无阻地接送孩子，见到老师总会问一句："孩子今天有没有进步？"事实上，她的女儿每次都以敷衍的态度上课，唱歌时心不在焉，而且逃避练习。上课时，女孩会无数次抬头看墙上的钟表，期盼下课。母女两人对音乐的态度截然不同。老师和孩子谈了一次，才知道其实孩子对音乐没有兴趣，她喜欢安安静静地画画。但妈妈不支持她学画画，还不断给她争取各种唱歌的机会，带她参加一个又一个歌唱比赛……女孩的内心十分痛苦。

父母在养育孩子时会把自己的一些理念和思想灌输给孩子，但是，"孩子是父母生命的延续"这句话并不是说孩子必须要从事父辈的职业，实现父辈未实现的愿望。从生理上讲，孩子和父母的血缘关系是一种生命的延续，但只有当孩子真正体会到快乐和幸福时，这种延续才算圆满。更重要的是，父母和孩子之间还有爱的牵绊，这也是一种生命的延续。以爱之名，用爱传递，岂不是更加美好？

问题二：在规划孩子的人生前，你有没有认真规划过自己的人生？

很多父母刚步入社会的时候曾对自己的人生有过很多美好的设想，然而为人父母之后，好像生命里除了孩子再无其他。平日努力工作，有些父母还要抽时间刻苦学习，这些都仅仅是为了孩子吗？不！除了孩子，更是为了缩短自己曾经的理想和现在的生活之间的差距。因此，与其耗费精力为孩子编制一个看似完美的人生计划，不如好好规划自己的人生，将规划人生的方法传递给孩子，正所谓"授人以鱼，不如授之以渔"。

花时间好好规划一下自己的未来，找到当初那个充满激情和抱负的自己，并继续为新的目标而奋斗。这个过程就是在给孩子上一堂人生课，让他们以父母为榜样，对自己的人生负责。

问题三：你的孩子希望长大后成为什么样的人？

许多父母看到这个问题可能会很茫然，自己好像还没有认真了解过孩子的愿望。其实，这个问题的答案比"父母希望孩子长大后成为什么样的人"的答案更重要。大多数父母希望孩子考一个好大学，学一个热门的专业，毕业后找一份稳定的工作，然后结婚生子……但有些孩子的选择却偏离父母的规划和期望，譬如他们会选择学校的冷门专业，从事一份新鲜刺激的工作，等等。

每个孩子心中都有属于他的梦想，这个梦想在不同的年龄阶段可能有很大变化。但是，这都不重要，重要的是孩子的心声被父母听到，并获得肯定与鼓励，这对他们的成长而言就是最大的幸福。追逐梦想的过程也是一段不断犯错和调整的过程，不断地探索培养了孩子敢作敢为的勇气和敢于担当的精神，这才是最珍贵的。

父母随笔